日本人として知っておきたい

神道と神社の秘密

神道と神社の歴史研究会 編

彩図社

はじめに

2011年に起きた東日本大震災以降、日本の文化を見直す機運が高まっている。そんななか、いま注目を集めているのが**「神社めぐり」**だ。

昔から、健康増進や恋愛成就、仕事運向上などを神様に祈願しようと神社を訪れる人は多かったが、最近では参拝者の年齢層が変化してきている。休日ともなると、これまで滅多に足を運ばなかったであろう若い世代、とくに一人で参拝する女性の姿が目立つようになってきたのだ。神道の祭祀施設である神社を訪れることで、日本人らしさを確認したり、心を清めたりして落ち着きたいと願う若者が、増えているのかもしれない。

しかし、あまりに身近な存在だからか、神社や神道が日本人にどのように受け入れられてきたか、はっきり答えられる人は多くない。漠然と「日本古来の宗教」「自然を敬う信仰」と思う人は多いが、そのなりたちを見ていくと、実は一概にそうとは言えないのである。

たとえば、キリスト教や仏教と違って、神道には開祖が存在しない。いつ、誰が、どこで開いたのかは不明である。他国の土俗信仰も開祖がわからないというケースは多いが、それらと神道が決定的に違うのは、**他の宗教の影響を受けながらも完全に同化する**

ことなく、かたちを変えながら連綿と続いてきたことだ。古代の信仰をずっと守ってきたのではなく、とりいれられるものは積極的にとりいれるのが、神道の特徴である。仏教が日本に紹介されたとき、仏を外国の神として受け入れたのも、神道の寛容性を示しているといえるだろう。

また、信仰面だけでなく、政治の世界へ与えた影響も少なくない。古代においては天皇家の正当性を示す根拠になり、幕末には勤王志士の原動力となる復古神道が生まれている。さらに明治時代には国によって神道が整備され、神社が公共機関のような役割を果たすようにもなっている。

本書では、こうした神道と神社にまつわる基礎知識を、一から解説している。

まず、第一章で神道と神社の基本事項を説明し、続く第二章で知っていそうで知られていない神社の仕組みを、第三章で祭祀の対象である神々について言及。第四章で神道にまつわる日本の歴史を解説し、最後の第五章で、神社で奉仕する神職の仕事について説明した。神道の特徴や神社のなりたち、参拝マナーといった基本をおさえているため、読み終えた後に神社を参拝すれば、これまで気づかなかった魅力を発見できるはずだ。

神道が日本の文化や日本人の精神に与えた影響とは何か？　本書によって神道を知り、自分たちの国をより理解する一助になれば幸いである。

日本人として知っておきたい

神道と神社の秘密

目次

はじめに

第一章　これだけは知っておきたい神道と神社の常識

第二章 意外と知らない神社のしくみと祭事

第三章

神道で重視される日本神話と神々の謎

第四章 知られざる神道と日本の歴史

第五章 神職はどのような仕事をしているのか？

鶴岡八幡宮の本殿前。神職が箒を手に持ち、本殿へ向かう道を清めている。

第一章

これだけは知っておきたい 神道と神社の常識

1・神道は宗教ではない？

教祖も経典も教義もない特殊な宗教

古《いにしえ》の時代より、日本人は山や川、海などの自然現象を畏《おそ》れ、偉人や自らの祖先も敬ってきた。こうした信仰が元となってできたのが、**「神道《しんとう》」**である。昔話や神話を通じて聞いたことがある、という人は多いだろう。神道こそが日本人の価値観の根本であると考え、「日本古来の宗教」と捉える人も少なくないはずだ。

しかし一方で、厳密にいえば神道は宗教ではない、という意見もある。それは、他の宗教と比べると、**神道は「宗教」の枠には収まりきらない、特異な面を持っているから**である。

現在の主要な宗教は、次の三要素を備えている。「教祖（開祖）」「教典」「教義（戒律《かいりつ》）」

である。教祖とは、キリスト教でいえばイエス・キリストのことであり、要は、その宗教を開いた人物だ。そのイエス・キリストの言行をまとめた教典が、『新約聖書』である。そしてこの聖書の内容に準じて、キリスト教の教義が定められている。

イスラム教の場合も同じである。預言者ムハンマドを開祖とし、イスラム教徒は聖典「コーラン」の戒律に則った生活をしつつ、唯一神アッラーを崇めている。

五穀豊穣を神に祈る原田はやし田。広島県安芸高田市で行われる

日本に普及している仏教も、開祖の釈迦の教えが経典として現代に伝えられ、僧侶は「五戒《ごかい》」を代表する戒律を守って生活している。

だが神道の場合、なんとこの三つの要素が全て存在しないのである。

そもそも神道は、**自然信仰や祖先崇拝が融合した民族宗教**である。室町時代には吉田兼倶《よしだかねとも》のようなカリスマはいたが、神道全体を束ねる教祖というものは、過去も現在も存在しない。それと同様に、**戒律をまとめた教典もないし、それどころか、決まった教えさえも存在しない**。祭祀の取り決めや『古事記《こじき》』や『日本書《にほんしょ》紀《き》』に代表される歴史書はあるが、聖書のように教義が記載されたものはない。**神道には、世界宗教に見られる厳格な教えはない**のである。

神道が「教」の字を使わないのは、仏教を重視した飛鳥時代の孝徳《こうとく》天皇に軽んじられたせいともされている。だが「道」には物事の理や道徳という意味もある。そうした意味では、受け手と時代によって自由にかたちを変えてきた神道に合った文字だといえるだろう。

無数に存在する神々

そして、これら以上に他宗教と違うのが、**神の在《あ》り方**だ。キリスト教やイスラム教では、神は人類を教え導く全知全能の単一存在とされている。しかし神道の神々は絶対的な力を持っているわけではなく、人々からは祖先の霊や自然物から派生した神が無数にいると信じられていた。

「八百万《やおよろず》の神々」と呼ばれるように、古代の日本人は森羅万象《しんらばんしょう》に無数の神が宿っていると信じていた。神々は『古事記』に登場するだけでも300柱《はしら》以上。神として崇められた偉人の御霊を含めるとさらに増え、とても数えきれるものではない。

そのような神々は、**人智を超えた力はあっても絶対的な存在ではなく、人々に近い価**

値観を持つことが多い。これが、神を絶対視するキリスト教などの「一神教」と最も異なる点だろう。

ちなみに、神様の数え方を「柱」とするのは、自然の中でもとくに「樹木」に神が宿るとされているためだ。詳しくは128～131ページで解説するが、神殿の中心である「柱」も神聖視され、そのまま数え方の単位となったのである。

他者を排斥しない寛容性

そして、日本に仏教が浸透しながらも神道がその存在を維持できた理由は、ここにある。八百万の神々には、この世の全ての神々が含まれている。ならば、キリスト教・イスラム教の唯一神や仏教の仏もその一部でしかない。日本に他宗教が上陸しても、八百万の神々が増えただけだ。実際、『日本書紀』によれば、仏教が日本に入ってきたとき、朝廷は仏を神とみなして受容していたようだ。

複数の神を信仰する「多神教」は日本以外にもあるが、別の宗教の神すらも神々の一部とするあり方は、世界的にも極めて珍しい。こうした**他者を排斥しない寛容性**があったからこそ、神道は時代に合わせてかたちを変え、現在にいたっているのである。

2・神社の役割と種類は？

臨時から常設となった祭祀の施設

神道は時代に応じてかたちを変え、仏教の影響を受けながらも、神を崇める信仰を維持してきた。その信仰の場として現在に伝わるのが、**神社**である。

神社と聞くと、お参りをする社殿がまず思い浮かぶが、「社」という字はもともと「社殿」ではなく**「神を共有して祀《まつ》るグループ」**という意味があり、現在でいう「氏子《うじこ》」に近い文字だった。

そもそも、古代の日本人は神があらゆる自然物に存在すると考えていたので、祭祀の場は常設されていなかった。作物の豊穣を願うのであれば田畑に臨時の祭壇を建て、疫病の退散を願うのであれば病気の発生場所などに祭祀の場を設けたのである。

　しかし、農耕が発達し、社会集団がつくられるに伴い、**自分たちの住む場所に神を定住させ、安全と安心を祈願する**ようになる。となれば、当然、神の鎮座する場所が必要となり、祭祀施設が常設されるようになった。神社の原型は、こうしてかたち作られたのである。

静岡県浜松市にある天白磐座（てんぱくいわくら）遺跡。神を祀る場所だった。巨石は神が宿る依代として神聖視されていたと考えられる（T-Kai / PIXTA）

恐怖の対象であった日本の神々

　神社には、他の宗教施設とは異なった点がある。それは、神社が**「神の怒りを鎮める場」**だということだ。

　現在なら、多くの人は神に願いを叶えてもらおうと神社を参拝するが、本来、神は人に災いをもたらす存在として恐れられていた。

『古事記』や『日本書紀』を見るとわかるように、日本の神が民を救うことは、ほぼない。人智を超えた力を持ちながらも、民の生活を平穏にするわけでもなく、死後に天国へ導くわけでもなかった。古代の人々にとって、**神は畏敬の対象であり、決して頼るべき存在ではなかった**のである。

いったいなぜ、このような信仰が生まれたのだろうか？　それには、日本をとりまく自然環境が影響していると考えられている。

地震や津波、台風といった災害が多い日本において、自然は恐怖の対象であり、人間の力では抗いきれない力をもっていると考えられてきた。現在でも、災害は猛威をふるって人間に畏れを抱かせる。科学が未発達だった時代であれば、そうした感情はなおさら強かったに違いない。

この自然の力を、日本人は神の怒りだと考えた。そこで、身を清めた神域において、**人々は神を崇め、供物を捧げて怒りを鎮めようとした**のである。現在も神社や神棚に神饌《しんせん》を捧げるのは、こうした習慣に端を発している。

神に人間を生贄として捧げた人身御供

現在、供物は穀物や餅、酒、海の幸や山の幸など、地域によってさまざまだが、古代においては人間までが捧げ物の対象だった。つまり、人は**「人身御供《ひとみごくう》」**として生贄にされていたのである。

『日本書紀』には、こんな記述がある。仁徳《にんとく》天皇が淀川の治水対策として堤を築こうとしたところ、なかなかうまくいかなかった。そのとき、天皇の夢枕に神が立ち、「人間を生贄として川神に捧げて祀れば成就する」とお告げを残した。そこで、強頸《こわくび》という人物を人柱として水に沈めたところ、堤は無事、完成したという。

また、大阪市西淀川区の野里住吉《のざとすみよし》神社では、毎年2月に「一夜官女祭《いちやかんじょさい》」が行われるが、この神事には人身御供の作法が残されているともいわれ、司馬遼太郎の小説『一夜官女』の題材にもなっている。

このように、人々は神社に神を祀ることで平穏を得ようとしたが、それは神の加護を求めたわけではなく、神の気分を損なわないよう配慮したためだった。そのため、神社は地域の中心部ではなく、離れた場所に鎮座している場合が多い。**鳥居や注連縄《しめなわ》で結界をつくって神域とし、生活圏から遠ざけていた**のである。

だが、やがて仏教が広まると、神も仏と同じく人々を救い、願いを聞き入れる存在となった。平安時代に起こった「御霊《ごりょう》信仰」のように、恨みをもって亡くなった人を祀り、祟りから逃れようとした例もあるが、多くの神社はご利益を求めて参拝する場となる。

こうして神社は「恐れる場」ではなくなり、信仰や祈願、地域のコミュニティを図る場としての機能を持って、現在に受け継がれているのである。

3・天皇家と神道の関係は？

祭祀の頂点である天皇家

正月になると、多くの参拝客が神社へ初詣に出かける。地域に根ざした神社から、都道府県を代表する神社まで、どこの社も人でごった返した状態だ。

なかでも、明治神宮は参拝客の多さで有名である。原宿駅を降りて5分も歩けば、毎年300万人以上が訪れる境内に、足を踏み入れることができる。人で埋め尽くされた光景を見て、新しい年がやってきたと実感する人もいるかもしれない。

この明治神宮は、ご存知のとおり、明治天皇を祀る神社である。国家元首だった明治天皇を弔うため、国の一大プロジェクトとして建築された神社だ。正月以外にも、五穀豊穣を祈る神事や、皇室の祖先を敬う儀式など、神道に基づく行事が実施されている。

そうした神事を見てみると、天皇家と関わりのあるものが多くを占めることに気づく。それもそのはず、**古代において天皇は、神道を主催する祭祀王《さいしおう》として君臨していた**からである。

5世紀ごろから、天皇は政治のトップであると同時に、祭祀のトップとして、神に豊作と国土の安寧《あんねい》を祈る神事を行っていたとされている。現憲法下では、天皇に政治的実権はないものの、祭祀の伝統はかたちを変えて受け継がれており、天皇による神事は年に20回以上行われている。

皇居・神嘉殿で行われた新嘗祭神嘉殿の儀（夕の儀）（毎日新聞社提供）

そして8世紀には、天皇家と神々の関係がより体系的にまとめられた。それが表れているのが、『日本書紀』と『古事記』である。

両書には、神話や歴代天皇の事績が記されているが、なかでも重要なのは、初代天皇の出自に関する記述だ。

初代天皇である神武《じんむ》天皇は、地上に降臨した天《あま》照《てらす》大神《おおみかみ》の孫ニニギの子孫であるとされている。天照大神とは、神話において天上界を支配した神のことだ。つまり、両書の編纂者は「天皇は天上の支配者の血を引く」ということを根拠にして、**天皇による国土統治の正当性を示そうとした**のである。

特別な位置づけをされる伊勢神宮

天皇家にとって天照大神が重要な神である以上、その神を祀る神社も、皇室から別格の扱いを受けてきた。それが三重県の**「伊勢神宮《いせじんぐう》」**だ。

伊勢神宮は、7世紀後半に即位した天武天皇の時代から特別視されていた。皇女が祭祀者として仕える「斎王《さいおう》制」や、20年ごとに社殿を新築して祭神を遷す「式年遷宮《しきねんせんぐう》」など、特別な制度が導入されてきたのである。鎌倉時代には伊勢神宮が「神風《かみかぜ》」を吹かせてモンゴル軍を撃退したと言われ、江戸時代には民衆の間で伊勢参拝が大ブームとなった。

そして、天皇の権威が向上した明治時代に入ると、政府の協力で伊勢神宮の地位は揺るぎないものとなる。天皇の地位を高めるために、政府が伊勢神宮をこれまで以上に厚遇したのである。

神の子孫であることを主張した昭和天皇

こうした歴史から、天皇家と伊勢神宮の関係は強固となり、天皇自身の思い入れも強いものとなったようだ。

こんなエピソードがある。太平洋戦争終戦後、昭和天皇から人間宣言の詔書が出される直前のことである。連合国軍総司令部（ＧＨＱ）や政府との協議で詔書の文案が練られたとき、昭和天皇は自身が「現人神《あらひとがみ》」でないことは認めた。だが「天照大神の子孫」であることを否定した文言だけは、断固として拒否したという。伊勢神宮と神道を通じた祖先との結びつきを、昭和天皇はそれだけ重んじていたということなのだろう。

現在でも、皇室と関わりの深い神社や、天皇が祭神として祭られている神社では、祭礼に天皇から勅使が遣わされ、捧げ物が奉納されている。祭礼によっては当日に天皇・皇后両陛下が直接参拝することもある。古くから両者につながりがあるからこそ、こうした交流が続いているのだろう。

なお、古代の天皇には**「スメラミコト」**という別称があった。その意味は**「澄《す》める者」**、**「統《す》べる者」**だという解釈がある。身を清めて祭祀を行い、民をまとめる。この言葉は、そんな天皇と神道の関係を表しているのかもしれない。

4．天津神と国津神って何？

高天原に住まう神と地上に降臨してきた神

日本神話には、多くの神々が登場する。数え始めたらきりがないが、大きく2種類に分けることができる。**「天津神《あまつかみ》」**と**「国津神《くにつかみ》」**である。

天津神は、高天原《たかまがはら》に住まう天上の神々のことを指す。天地創造に関わった神々や、天と星にまつわる神がこれに該当する。代表格は最高神の天照大神《あまてらすおおみかみ》であり、地上に降りた子孫に当たる神々も、天津神に含まれることが多い。天皇家はこの天津神の最高神・天照大神を皇祖神とすることで、地上の支配の正当性を示そうとした。同様に、天皇家に従った有力者が祀った神も、天津神には含まれている。

対する国津神は、高天原から追放された天照大神の弟スサノオを始祖とする神々である。なかでも、出雲大社の祭神大国主《おおくにぬし》は、その代表格として知られている。日本神話が生まれる前から定着していた、各地域の神々もここには含まれる。扱いの大小はあるものの、たいていの神社には、このどちらかが祀られている。天津神を祀る神社は「天社《あまつやしろ》」、国津神を祀る神社は「国《くにつ》社《やしろ》」と呼ばれており、地域の守り神として大事にされたり、ご利益をもたらすことを期待されたりと、**日本人の生活に寄り添った存在**である。

天津神の天照大神（左／歌川国貞「岩戸神楽ノ起顕」部分）と国津神の大国主（右／© Flow in edgewise）

なお、平安時代の学者で政治家の「菅原道真《すがわらのみちざね》」を「天神《てんじん》」として祀る神社もあるが、これと天津神を祀る天神社は別のもの。のちに触れるが、菅原道真は日本神話以降に祀られるようになった、新しい種類の神である。

とはいえ、一般の人々にとってはどちらも神様であることに変わりはなかったため、天津神を祀っていた天神社が、後に混同されて「菅原《すがわら》神社」と名乗るようになった、というケースも少なくない。

古代中国の思想で区別された神々

天津神と国津神という分け方ができたのは、6世紀前後とされている。中央集権体制をほぼ完成させたヤマト政権は、各地の伝承を収集・編纂し、天皇を神の末裔とする神話に組み込む作業を始めた。**参考にされたと考えられるのが、古代中国の思想**である。

当時の中国には、「天神地祇《てんじんちぎ》」という語があった。天神は天の神、地祇は地上の神を意味しており、天神は地祇を支配する立場にあるとされていた。天津神と国津神の関係は、このような考えを元にしている可能性があるのだ。

ただ、ヤマト政権のランク付けの基準は、非常に曖昧だった。国津神のトップは高天原出身のスサノオだし、逆に、地上出身なのに天津神の一員と見なされた海の神オオワタツミもいた。

また、祭祀においても、中国では天神と地祇の祀り方が異なっていたのに対し、日本では両者は同じ祀り方だった。中国のように、**天と地上で完全に分断されてはいなかったのである。**

中央集権化が原因の曖昧な区分

天津神と国津神は、日本神話で描かれているほど、明確な上下関係があるわけではなかった。それには、当時の政治体制が影響していると考えられる。

神話の編纂作業において、支配者たる天津神には、天皇家やそれに近い豪族が崇拝する神々が選ばれた。一方、国津神は地方豪族の信仰する神々である。編纂意図からすれば、国津神は天津神の下に位置するわけだが、**現実的には天皇家に匹敵する有力な豪族がいたと考えられている**。だからこそ、天津神メインの神話であっても、地方豪族の理解を得るために、国津神の活躍が多く描かれたのだろう。天津神と国津神が衝突する場面はあるが、国土を譲った大国主のように、天津神に協力して見返りを得た国津神も少なくなかった。

そして最も重要なことは、**日本神話が地方の神々の信仰を否定してはいない**ことだ。その影響は現在にも及んでいる。位の高い天津神や国津神をメインに祀っている神社は多いが、その一方で、地域に根付いた自然神を祀っているというケースは、決して少なくないのである。

ヤマト政権の意向により、神は2種類に分けられたが、関係性は絶対的ではなかった。こうした歴史が神道の寛容性を育み、あらゆる神を尊ぶようになったのだろう。

5・氏神と産土神の違いは？

役割の異なる氏神・産土神・鎮守神

日本神話には、絵本やアニメの題材として、人気を集める物語が多い。イザナギとイザナミの国生み、スサノオによるヤマタノオロチ退治、因幡《いなば》の白兎を救った大国主《おおくにぬし》の物語など、日本人なら誰もが一度は聞いたことがあるのではないだろうか。

しかし、これらの神話は、6世紀ごろにヤマト政権によってまとめられたものである。各地の信仰を反映しているとはいえ、脚色もあった。

それに、日本人は神話に描かれているから神々を信仰したのではない。日本神話がつくられるよりも前から**日本人が神々を信仰したのは、自分たちが暮らす土地を、彼らが守ってくれると考えていた**からだった。

そうした地域の守り神が、「**氏神**《うじがみ》」「**産土神**《うぶすながみ》」「**鎮守神**《ちんじゅがみ》」である。呼び方は違うが、いずれも土地を守る神として、信仰を集めていた。**違いは、誰が崇めたのか、どこで崇められていたのか、という点にある。**

氏神とは、氏族が土地の守り神として信仰した神を指す。氏族は、いわば地域を治める血縁者集団のこと。代表は、藤原氏の氏神を祀る奈良県の春日《かすが》大社だ。

藤原氏の氏神を祀る春日大社

二つ目にあげた産土神は、誕生した家や誕生時の地域にいる守護神のこと。引っ越しなどで別の場所に移住しても、産土神は生涯を通じて守ってくれる。そう考えると、氏神よりも一般の人々に近いといえるだろう。

そして鎮守神は、古代において、寺院の守り神とみなされたり、旧国単位の地域を守る神と見なされていた。そのため、各都道府県に現存する一宮《いちのみや》のなかには、鎮守神をルーツに持つものも少なくない。

江戸時代の住民の移動で曖昧に

現代人はこうした違いをあまり意識しないが、それもそのはず、時代がくだるにつれて、三者の違いが曖昧になったからだ。理由は、**土地から離れる人が増えた**からである。

近世に入ると、交通手段が発達し、各地で城下町が整備されて都市化が進み、さらには大名の国替《くにがえ》などによって人々の移動が盛んになった。すると、集落からの人が流出したり、逆に外から人が流入することが非常に増えていった。これにより、血族集団は各地に移り、土地に定着した流入者の子孫が、別の一族の氏神を土地の神として敬うことが珍しくなくなった。**血縁より、地縁が根強くなった**のである。

それに、いずれも土地の守り神である以上、性格も似たようなもので、明確に区別されたわけではなかった。江戸時代以前から、産土神と氏神、鎮守神が同じだというケースは多かったぐらいだ。現在、産土神や氏神が「鎮守様」と呼ばれることが多いのは、そのためである。

渡来人が定着させた神々

人々が求めたのは、神の出自がどうこうという細かい違いではなかった。そのため、たとえ土着の神でなくとも、日本人は神々を受け入れた。もとは氏神であっても、自分が住む土地で大切にされてきた神様だからと、信仰した。そうした寛容性を示しているのが、**外国由来の神の多さ**である。

たとえば、埼玉県にある高麗《こま》神社は、その名が示しているように、日本の神を祀った神社ではない。高句麗の王族・若光《じゃっこう》を祭神として祀っているのだ。かつてこの地に、大陸や朝鮮半島から日本に渡ってくる渡来人が多かったからだと考えられる。

また、渡来人が信仰した神を祀る神社もかなりある。特に、ヤマト政権が拠点をおいた近畿圏には、そうした朝鮮半島や大陸由来の神社が数多い。

たとえば、観光客に人気がある京都の伏見稲荷《ふしみいなり》大社は、山城国を拠点とした渡来人・秦氏《はたし》の創建とされているし、三輪山を崇める大神《おおみわ》神社にも、渡来系の神が祀られている。

なお、渡来人は大陸の先進文化を伝える立場にあったため、高い地位に就く者が多かった。そのため、他の氏族のように、氏神を祀る神社は一族が管理し、祭祀は一族以外は参加できなかった。

だが、**現在では神のもとに誰でも氏子になれるとし、地域共同で執り行うのが主流**である。人々のつながりが希薄になって久しいが、そんな時代だからこそ、地域に根差した信仰を、地域の皆で守ろうという考えが広まっているのかもしれない。

6・日本で一番古い神社ってどこ？

伊勢神宮や出雲大社より古い神社

総数8万934社。これは、文化庁が2020年末までに確認している、宗教団体としての神社数である。それだけ数が多ければ、古くから崇められてきた神社もあれば、近代以降に建てられた神社もある。なかには、文字に記録される以前から、存在していたと考えられる神社もある。それでは、そうしたあまたの神社の中で、最も古いのはどこなのだろう？

すぐに思い浮かぶのは、伊勢神宮と出雲大社だろう。伊勢神宮は神道の最高神・天照大神《あまてらすおおみかみ》を祭神とし、出雲大社は国津神のトップ・大国主を祀っている。712年に成立した『古事記』にも、伊勢神宮と出雲大社の名は見える。

だが、最も古いと考えられる神社は、これらと別にある。文字記録が残っていないため、正確なことはわかっていないが、最有力候補は、奈良県にある**「大神神社《おおみわ》」**である。

古代神道のかたちを残す大神神社

大神神社には、普通の神社には当たり前にある本殿がない。それでは何を祀っているかといえば、**拝殿裏の鳥居から御神体の三輪山《みわさん》を拝する構造になっている**のだ。

大神神社が最古の神社だと考えられているのは、こうした形態に原初の信仰が残っているからである。

古代の人々は、山や自然を神聖視し、聖なる土地を禁足地とみなして侵入を制限してきた。その代わりに、人々はその地を拝める場所に「神籬《ひもろぎ》」という祭場を作り、神霊を宿すための「依代《よりしろ》」を置いた。このような、聖地を崇めるために整備された祭壇が、神社のはじまりだとされている。

大神神社のご神体である三輪山。自然を敬う原初の信仰が反映されている。

三輪山への信仰は、記録の上でも確認することができる。古代において、「御諸山」という字が当てられ、神が鎮座する「神奈備山《かんなびやま》」として神聖視されていたのだ。

現在では、摂社の「狭井《さい》神社」で許可を得れば一般人でも入山が可能だが、食べ物の持ち込みや、山内の草木を刈ることを禁じるなど、厳しい条件が課されている。**軽々しい態度をとれば、神に祟られると信じられてきた**からだ。

『古事記』や『日本書紀』にも、大神神社に関する記述はかなり残っている。

たとえば、大神神社に祀られている**大物主《おおものぬし》**は、日本国土の国造りにおいて、重要な役割を果たしている。葦原中国《あしはらなかつくに》を建国中の大国主《おおくにぬし》に、自分を三輪山に祀れば国造りを手伝うと申し出たのである。大国主からすれば、協力者のスクナヒコナが常世の国に去ってしまい、作業が進まなくなっていたところだったので、ありがたい申し出だった。

こうして大物主が祀られた三輪山は、人々に聖地と崇められた。これが大神神社の起源だと伝えられている。なお、このとき大物主は海の彼方からやってきたと記されているため、外来の神だとみなされることもある。

さて、この国造りの後、大国主は、天上界からきた使者に国を譲って出雲大社に身を隠した。つまり、大神神社は出雲大社よりも歴史が古い、ということになる。神話のエピソードであるとはいえ、大国主に並ぶか、それよりも古い時代から信仰されていたと考えていいだろう。

各地に伝わる最古の神社

大神神社以外にも、日本最古の神社では、といわれる神社はある。その一つが、淡路島の**「伊弉諾《いざなぎ》神宮」**だ。

伊弉諾神宮の由緒は、国譲りや国造り神話よりも古い、「国産み神話」にまで遡る。国産み神話の主役は、イザナギとイザナミである。二神は、日本列島やあまたの神を生み出した夫婦神だ。二神はまず、混沌としていた海を掻き混ぜ、オノゴロ島をつくった。そこに降り立ち国産みを始め、二度の失敗の後、淡路島を産み落としたのである。やがて、国産みを終えた二神は淡路島に宮を構えた。現在の伊弉諾神宮は、その宮の跡だと神社は伝えている。

最古と呼ばれる神社は、日本各地にある。もちろん、それらの神社の由来を、そのまま史実ととらえることはできない。だが、各地に伝わる伝承が神話に影響を与えた、という可能性はあるだろうし、逆に神話の影響を受けて造られた神社もあるだろう。日本神話に基づく信仰は、それだけ大事にされてきたのである。

7 神道と仏教は何が違う？

奈良時代に始まった本地垂迹説

日本人は、森羅万象に宿る神々を、岩や樹木といった依代《よりしろ》を通して崇めてきた。神々は目に見えない存在であり、具体的な姿は持たなかった。

そうした信仰形態を一変させたのが、仏教である。現在では、神道と仏教は別のものとみなされているが、歴史上、神道は仏教とともに進展してきた。いや、仏教の影響なくして、神道が人々の心に訴えかける力を持つことはできなかったのではないだろうか。

実際、両者の共通点は今でもかなり残っている。神社でもお寺でも、参拝者にお守りを配布したり、神や仏を通じて願いを聞き入れたりしている。参拝前に手水鉢《ちょうずばち》で身を清めるなど、似たような作法も少なくない。いったい、両者はどのような関係にあるのだろうか？

　はっきりいえば、**神道と仏教は長く同一のものとみなされていた**。その兆候は、仏教が伝来した当時から、すでに現れていたのである。

　仏教は、遅くとも6世紀半ばには日本に伝来したと考えられている。このときの様子が『日本書紀』に残っている。その記述によれば、仏は「蕃神《あだしくにのかみ》」、つまり「外国の神」と呼ばれており、祟りを起こす存在として描かれている。つまり、**仏は数ある神の一種として、日本の神々と同じように扱われていた**のである。

　その後、豪族を中心に仏教が広がると、各豪族は先祖を供養する「氏寺《うじでら》」を造り、仏像に祈りを捧げた。当時の人々にとって、仏教は大陸の先進文化である。黄金の仏像や荘厳な寺院建築などは、自然信仰に親しんできた日本人には刺激的だった。

　そうした影響もあり、奈良時代になると神道は仏教の要素を多く取り入れるようになる。姿を持たな

福井県にある若狭神宮寺。奈良時代に一宮である若狭彦神社の祈願寺として創建されたと伝わる（© 663highland）

かった神は、仏像の影響を受けて「神像」として可視化され、神社には「神宮寺《じんぐうじ》」という寺が建立されはじめたのである。

やがて、信仰面に関しても、仏教と神道は一体化していくことになる。16ページで紹介したように、神道には体系的な教典や教義が存在しない。もとは素朴な自然信仰であり、人々の救済まで説くことはなかった。

そうした思想の欠如を、仏教が補った。**神は仏が衆生を救うための仮の姿**である、という考えが、平安時代に浸透したのである。それが「本地垂迹説《ほんじすいじゃくせつ》」と呼ばれる考え方だ。

これにより、天照大神を含む日本の神々は御仏《みほとけ》の化身と考えられるようになった。逆に、仏優位に反発する神官も鎌倉時代には現れたが、いずれにしても、神と仏が一体で、人々を救済する存在だと考えている点では変わらない。

このような神仏の混ざり合いを、「神仏混淆《しんぶつこんこう》（神仏習合《しゅうごう》）」という。この状態は、神仏分離が推奨される明治時代までずっと続いた。つまり、**仏教と神道が分かれた姿は、150年程度と比較的新しい**のである。

つながりの深い春日大社と興福寺

現在でも神仏習合の名残を残す寺院や神社は少なくない。その代表が、奈良市にある

春日大社と興福寺である。春日大社は、藤原氏の氏神を祀った神社であり、平城京を守護する地として天皇や貴族の崇敬を集めた。興福寺も、同じく藤原氏を守護する氏寺である。平安時代になると、興福寺では春日大社の神が仏法を守護すると考えられるようになった。こうして神仏習合の影響が強くなり、春日大社の神事は興福寺の僧侶が取り仕切るようになったのである。

明治時代になると分離したが、現在でも両者の交流は盛んで、1月2日には春日大社において僧侶が神前で読経する興福寺貫首社参式《かんしゅしゃさんしき》が実施されている。同様に、興福寺でも修行で神社の御神火《ごじんか》を用いるなど、長い間に培った独自の信仰形態が表れている。

神仏習合の名残を残す寺社

その他にも神仏習合を残した寺社は多数ある。成田山新勝寺《しんしょうじ》のように、年末年始に巫女が奉仕している寺院も、神仏習合の名残であると考えられている。また、本来は寺院で祀られる不動明王などを、祭神とする神社もある。

このように、**仏教と神道は相互が影響を及ぼしあいながら、日本に深く浸透していったのである。**

8・神道にも宗派があった？

仏教思想と融合した神道宗派

神道にも宗派がある、といわれても、ピンとこない人が多いかもしれない。宗派とは、いわば信仰の違いから分かれたグループのこと。自然信仰に端を発し、具体的な教義を持たなかった神道には、宗派の存在は馴染まないように思える。

だが**6世紀ごろに大陸から仏教や儒教が伝来すると、神道もそれらの思想と融合しながら多様な解釈がなされ、宗派が生まれるようになった**。むしろ、他宗教との融合を繰り返したからこそ、神道は人々の心をとらえる信仰をつくることができたといえる。

まず、仏教の影響を強く受けた宗派が、平安時代以降に登場した。一例が、神道の神々を仏法の守護神に見立てた「法華《ほっけ》神道」である。最大の特色は、「三十番神《さんじゅうばんしん》」と呼ばれる信仰だ。春日大明神《かすがだいみょうじん》や八王子権現《はちおうじごんげん》など30もの有力な神々が、一カ月を日々交替して国家を守護するという思想である。仏教思想の広がりを示した宗派だといえるだろう。

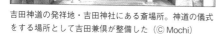

国家神道以前の神道宗派

吉田神道の発祥地・吉田神社にある斎場所。神道の儀式をする場所として吉田兼倶が整備した（© Mochi）

これに対し、伊勢神宮の神官を務めた度会行忠《わたらいゆきただ》と家行《いえゆき》は、神道側の立場から**伊勢神道**を提唱した。13世紀後半のことである。度会らは、天照大神が伊勢の地に鎮座する経緯をまとめた。その観点から**「日本は神の国である」という神国思想を広めた。**

また室町時代末期に登場した**吉田《よしだ》神道**は、人の心にも神は宿ると説き、人を神として祀る「人霊祭祀」を創出している。聞きなれない言葉だが、豊臣秀吉を豊国大明神として祀った豊国神社の創建に影響を与えるなど、歴史上で重要な意味を持っている。

その後も、儒学の立場から神道の理解に努めた「儒家神道」や、心の清浄を保つことで神の加護が授けられると説いた「垂加《すいか》神道」など様々な宗派が勃興した。こうしてみるとわかるとおり、神道に宗派がない、と考えるのは思い込みに過ぎないのである。

だが、そう考えるのも無理はない。明治の世になると、これらの神道宗派は新政府のもとで「国家神道」として一元管理され、その個性が失われていったからだ。

明治政府公認の教派神道

国家神道とは、**民衆の間で広がっていた神社への信仰に、天皇崇拝をプラスした教え**である。詳しくは１７８～１８１ページで紹介するが、天皇中心の国をつくるためにまとめられた信仰で、戦後になってこの名称で呼ばれるようになった。

一方、維新期の前後を通じて、民間信仰から発展した神道系の宗教団体が続々と登場することになる。それらの新宗教が、現在**教派《きょうは》神道**と呼ばれるものである。

教派神道とは、農村を中心に広まった「金光《こんこう》教」「黒住《くろずみ》教」「天理教」や、山岳信仰を起源に持つ「御嶽《おんたけ》教」の他、「神道大成《しんとうたいせい》教」「出雲《いずも》大社教《おおやしろきょう》」など、13の教団の総称だ。

特徴は、**伝統的な神道と違って教祖が存在し、積極的な布教活動を行った教団が多い**こと。

たとえば黒住教は、岡山の黒住宗忠《くろずみむねただ》が創始した宗派である。黒住は天照大神を万物の創造神とし、人間の心はその分霊であると説いて、中国地方一帯で信者を獲得した。

また金光教の教祖・金光大神は、信者の悩みや祈願に対し、神の言葉を取り次ぐという布教スタイルで勢力を伸ばした。

ただ、なかには天理教のように、設立当初に政府から厳しく弾圧された団体もあった。弾圧の理由は、教義に権力を批判する面があったことと、人類の救済者として祀られた「天理王命《てんりおうのみこと》」が、『古事記』に存在しない神だったからだ。そこで教会本部は天照大神を信仰神に加え、天皇崇敬を盛り込んで政府の公認を得たのである。

このように、**近代において神道や神社は政府によって再編成され、自然崇拝とは異なる面が強調されていった**。だが、太平洋戦争の敗戦に伴い国家神道が解体されると、教派神道も国家の管理から離れることになる。

現代、明治期に誕生した13派のうち、出雲大社教が約130万人、天理教がおよそ120万の信者数を擁し、その他の教団も、数万〜数十万人規模の団体として存続している。神道と一口に言っても、古来の信仰に基づくものもあれば、比較的新しい信仰も含まれているのである。

9.神社にもランク付けがある?

神社にも存在したランク付け

数ある神社のなかでも、天照大神を祀る伊勢神宮は特別だ。それでは他の神社はどうかといえば、実は、主要な神社であれば、「神社ランキング」によって格付けされている。

そのランキングが、**「社格《しゃかく》」**と呼ばれるものである。法的に社格が定められるのは、飛鳥時代以降のこと。905年に朝廷が編纂を命じた法典**「延喜式」の神名帳《じんみょうちょう》**に、神社のランクとリストが残っている。

このリストに載っている2861の神社が、いわば朝廷公認の神社であり、これらを**「式内社《しきないしゃ》」**と呼んだ。特権として、祈年祭で朝廷から神への捧げものが奉献されることになっていた。

この捧げものを受け取ることを「奉幣《ほうへい》」というが、奉幣を誰から受けるかで、式内社のランクはさらに分けられた。「神祇官《じんぎかん》」という官吏から奉幣を受け取る神社は「官幣社《かんぺいしゃ》」といい、地方行政官である国司から奉幣を受け取る神社は「国幣社《こくへいしゃ》」という。これらを大社と小社に分け、計四つの社格で分けたのである。**社格の高い順に並べると、官幣大社、国幣大社、官幣小社、国幣小社、となる。**

一方、神名帳に記載されていない神社は「式外社《しきがいしゃ》」と呼ばれ、式内社よりも社格が低いとみなされていた。有力者の庇護下にあった神社は式内社が多いが、圧倒的多数は、この式外社である。

明治時代に創建された橿原神宮にある鳥居。神武天皇の都があったとされる地に造られた。

五種類に分けられる社号

神社のランク付けは、明治になって国家神道が整備されるのに伴い、さらに進んだ。大社と小社の間に中社が設けられ、社格は6段階に増加。そして官幣社の下に国家功労者を祀る「別格官幣社」が設置され、どれにも分類されない神社は「諸社《しょしゃ》」としてまとめられた。

このような格式付けを**「近代社格制度」**という。太平洋戦争の終戦に伴い、近代社格制度は撤廃されたが、このランク付けが果たした役割は大きい。**社格を決めていく過程で、全国の神社の由来や信仰が整備されることになった**からである。

近代社格制度がなくなった現代では、伊勢神宮を除いた神社に社格の優劣はない。だが、神社の地位を表すのは社格だけではない。**「社号」**もまた、神社の序列を示しているのである。

社号とは、その名のとおり**神社の称号**のこと。名称の下につく、「神社」や「宮」のことだ。全部で五種類あるが、言うまでもなく、最もポピュラーな社号は「神社」である。町村などにある規模が小さめなものには、「社」という社号が付けられることが多い。それらに対して、「宮」の社号は中規模の神社によく見られ、神社や社より有力な神を祀っていることが多い。

これら三つよりも特別視されることが多いのが、「大社《たいしゃ》」という社号だ。元々は出雲大社だけに使われていた社号だが、現在では春日大社や那智大社、住吉大社のような、崇敬を広く集める神社にも用いられている。

天皇家や日本建国に貢献のあった神を祀る神宮

そして五つめが**「神宮《じんぐう》」**という社号である。戦前まで、神宮号は最も尊い神社に付されていた。語源は「神の宮殿」だといわれている。皇祖神や神となった皇族、日本神話で重要な神々を祀る神社のみがこの社号を名乗った。その代表が、冒頭で紹介した伊勢神宮だ。

そもそも、伊勢神宮の正式名称は「神宮」である。つまり、「神宮」という社号はもともと、伊勢神宮固有の名称だったわけだ。

のちに、伊勢神宮以外も神宮を名乗るようになるが、神武天皇を祀る橿原《かしはら》神宮や、天智天皇を祀った近江神宮、国譲りで活躍したフツヌシを祀る香取《かとり》神宮など、皇室や日本の建国にかかわる神社のみ。**天皇の勅許がなければ神宮にはなれなかった。**それだけ特別な社号なのである。

ただし、それは戦前までの話。現在では特別な許可がなくとも神宮を名乗ることが可能である。加藤清正《かとうきよまさ》ら熊本の歴代大名が信仰した河尻《かわしり》神宮がいい例だ。

先述したように、これらの神社は名称こそ違っていても、社格は平等とされている。とはいえ、社格や社号の高い一部の神社は、「別表《べっぴょう》神社」として神社本庁から別格の扱いを受けている。神様であっても、どうやら受ける扱いには違いがあるようだ。

10・全国の神社をつなぐ神社本庁とは？

全国8万の神社を統括する神社本庁

現在の神社は、ほとんどが宗教法人である。宗教法人とは、都道府県知事や文部科学省に非営利法人として認められた宗教団体のこと。税の優遇措置を受けられるため、不公平だと槍玉にあがることもあるが、実際に恩恵を受けることができる神社は、ごくわずか。貴重な文化財でもない限り、国から金銭援助はなく、神社が単独で存続するのは非常に厳しいのが現状だ。

そのため、全国の神社は、その多くが一つの法人によって組織化されている。それが東京都渋谷区代々木にある**「神社本庁《じんじゃほんちょう》」**である。

神社本庁は、本宗に伊勢神宮を仰ぎ、**各神社の包括を目的**としている。その加盟数は、

２０２０年12月現在で、７万８０００社以上。全国には約８万の神社があるので、ほとんどが属していることになる。

この神社本庁の下に置かれているのが、各都道府県の「神社庁」だ。つまり、伊勢神宮、神社本庁、神社庁、各神社という縦割り構造を取ることで、全国の神社は成り立っているのだ。

「庁」と名乗っていても国とは無関係

東京都渋谷区にある神社本庁。明治神宮の北東に位置する（Ⓒ Wiiii）

名称に「庁」とついているため、**国の機関だと思われることもあるが、実際には数ある宗教法人の一つ**である。とはいえ、全国の神社を包括するぐらいだから、組織機構は非常に巨大で、その業務は多岐にわたる。

たとえば、各神社の管理や指導、神職育成や神道の振興などがそれである。神職向けの機関誌「神社新報」を発行したり、青年協議会などの関連団体を通じて神道を社会にアピールしたりと、活動の幅は広い。また、全国の神社の祭祀を補助したり、興隆に必要な方策を計画したりもしている。

なお、こうした活動を支えるために、運営は他の非営利法人と同じように専属の事務スタッフや包括神社の代表などが担っている。神主や巫女ばかりが働いている、というわけではないようだ。ちなみに、財産や運営費の管理も事務スタッフが行うが、そうしたお金の一部は支部を通じて各神社から徴収される。こうしたお金が各神社に還元されるかたちで、運営が行われているのである。

神社本庁の誕生

ここまで巨大な組織が誕生したのはなぜか？　それは**戦後に神社界が大きな危機に直面したから**だった。戦前でこそ、神社は国の祭祀を担う地として政府から支援を受ける、半公的な施設であった。しかし、戦後になると神道は国家から切り離され、一宗教として再スタートすることになる。とはいえ、多くの神社は長く国の支援を受けてきたため、経済基盤や運営ノウハウを持たなかった。

このままでは神社がなくなる――。そうした危機感から、全国の神社は宗教法人としての生き残る道を模索した。その結果、神社統括を目指して「皇典講究所《こうてんこうきゅうじょ》」「大日本神《だいにほんじん》祇会《ぎかい》」「神宮奉斎会《じんぐうほうさいかい》」の三団体が組織された。

これらの団体は、宗教法人化した多くの神社のまとめ役となる。1946年2月、これらの三団体が統合して設立したのが、神社本庁なのである。

神社本庁に属しない単立神社

神社本庁の設立声明には、こうある。

「協力一致神社本来の使命達成に邁進し、以て新日本の建設に寄与せんことを期す」

つまり、**神社本庁は全国の神社が協力して国家神道や教団化した教派神道から脱却し、自然と地域を重視する従来の神道へ戻ることを目指した**のである。

ただ、少数ながら神社本庁に加入していない神社もある。これらを「単立神社」という。小規模組織が管理する神社や比較的新しい神社、さらには独特の由緒を持つ神社などが多い。有名なところでは、日光東照宮、伏見稲荷大社、靖国神社などが挙げられる。

とはいえ、単に神社本庁に加盟しているかしていないかの違いなので、神道を守り伝えるという目的は、多くの神社が共有している。神社本庁が設立声明に掲げた点も、多くの単立神社に理解されているはずだ。

11・鬼門に神社が建てられるのはなぜ？

北東と南西を不吉な方角とする鬼門思想

不吉な場所や相性の悪いものを、**「鬼門《きもん》」**という。方角でいえば、**北東が鬼門**に当たる。この方角から鬼が侵入し、悪さをはたらくと考えられていた。語源ははっきりとはわかっていないが、中国の風水用語だという説や、中国で北東の異民族が恐れられたことに由来するという説がある。

しかし、「北東が鬼門」という考え方は、そもそも中国には存在しない。平安時代初期、日本において陰陽道《おんみょうどう》と鬼門は融合して不吉な方角が決まり、さらには神道にも取り込まれたことで、日本全国に普及していくのである。

陰陽道というと、現在では呪術や魔術のように捉えられがちだが、平安時代においては天文学や暦学と捉えられた、歴《れっき》とした学問だった。この学問では、星の動きや日時、方角などから吉凶を占った。このうち方角に関していえば、北東と南西が不安定な方位と考えられていた。この考え方と鬼門思想が合体し、北東が「表鬼門」、南西が「裏鬼門」と呼ばれて忌避されるようになったのである。

そしてこの鬼門に対する貴族の反応は、現代の感覚からは想像がつかないほど過剰だった。陰陽師が悪い日時や方向を導き出せば、貴族たちはそれらを徹底的に避けた。どうしても避けられないときは、**方違《かたたが》え**といって、一度別の方角に行ってから目的地に向かうほどだったのである。

こうした陰陽道の影響を伝える神社が、大阪府堺市に現存している。「方違《ほうちがい》神社」という神社だ。方角による災難除けにご利益があるといわれ、現在でも、引っ越し先や旅行先を占ってほしいと訪れる人がいるようだ。

堺市にある方違神社。陰陽道の名残を残している。

鬼門封じを意識した平安京

どの時代でも、為政者は験《げん》を担ぎたがるものである。

いつ地位を失うのかわからないからこそ、何かにすがりたくなるのかもしれない。そのため権力者は、街や城を築くときに鬼門封じを行うことが多かった。このとき、鬼門対策に利用されたのが神社仏閣である。そう、**為政者たちは、鬼門に神仏を置いて封じることにより、重要区画を災いから守ろうとした**のだ。

たとえば、７９４年につくられた平安京は、陰陽道や風水の知識が反映された都市である。神社仏閣による鬼門封じもその一環だった。

平安京から鬼門の方角を見ると、**賀茂《かも》別《わけ》雷《いかづち》神社（上賀茂《かみがも》神社）**と**賀茂《かも》御祖《みおや》神社（下《しも》鴨《がも》神社）**があり、裏鬼門には松尾《まつお》大社がある。平安京ができる前から鎮座したこれらの神社を建て直し、都市がその直線上に来るように設計されたのである。当然、目的は天皇の住まう大内裏を災いから守るためだ。

なお、平安京の北東に位置する比叡山の日吉大社《ひよしたいしゃ》と延暦寺も、鬼門封じのために建てられたといわれることが多い。だが、近年の研究で、比叡山が鬼門の守護神とされたのは創建後しばらくしてからのことで、鬼門封じが目的ではなかったことが判明している。

鬼門封じのために神社を移設した徳川家康

そして平安京と同じように、鬼門を重視した都市が関東にある。徳川幕府の本拠地・

江戸である。

現在の**神田明神**は千代田区外神田《そとかんだ》に位置しているが、かつては大手町に当たる場所に鎮座していた。それを徳川家康は江戸時代初期に現在の場所へと移設し、鬼門封じの守護神として崇めたのである。

さらに、北東には徳川家の菩提寺である**寛永寺**《かんえいじ》がおかれ、裏鬼門には**日枝神社**《ひえ》と**増上寺**《ぞうじょうじ》を祀った。これにより、江戸城の守護を確実にしようとしたのである。

そのため、徳川家康を除く14人のうち、6人が増上寺、6人が寛永寺に埋葬されたのも、祖先の霊で鬼門封じを強化するためだったという説もある。

これほどまでに徳川家が鬼門封じを徹底したのは、家康が相談役だった僧侶・天海《てんかい》の意見を参考にしたからだとされている。戦国乱世において、常に死と隣り合わせだった家康は、生き残る方法を必死に考えてきた。江戸の整備に陰陽道や風水の知恵を駆使したのも、**危険な兆候を摘み取って、徳川の世を長続きさせることが目的だった**のだろう。

このような鬼門封じに関する神社は、全国にも多数ある。姫路城の鬼門を守護する、姫路市飾東町《しきとうちょう》の歳徳神社《さいとく》はその代表例だろう。

このように、鬼門思想の広がりによって、神社は災いを防ぐ楯のような役割も、持つようになったのである。

京都市の清水寺に隣接する地主神社。縁結びの神として有名で、希望すれば良縁成就のために祝詞や絵馬でお祓いをしてもらえる。

第二章

意外と知らない神社のしくみと祭事

12・神社の参拝方法に違いがある？

神社を参拝する基本的マナー

神社を参拝する際は、きちんと作法を守らなければならない。なぜなら、**神道において参拝とは、祈りを捧げるだけではなく、社殿などに降臨した神々へ直接会いにいくことでもある**からだ。

参拝の作法は、鳥居をくぐる前に一礼することから始まる。そのまま歩いて手水舎《ちょうずしゃ》まで来たら、ここで身を清めるために両手と口をすすぐ。まずは右手に柄杓《ひしゃく》を持ってすくった水で左手を清め、その後に左手に持ち替え右手を清める。それから再び右手に柄杓を持ち、左の手のひらに水をためて口元をすすぐ。そして最後に、左の手のひらをすすいでから柄杓を立て、残りの水で触れた部分を清めたら、元の場所へ戻すのである。

拝殿の前に着いたら、賽銭箱《さいせんばこ》の前で一礼し、神鈴を鳴らす。続いてお賽銭を投じたら、お辞儀を二回してから、二回手を叩く（神鈴を鳴らす前に賽銭を投じても可）。このとき、両手の指を柏葉《かしわば》のように大きく開いて、しっかり音を鳴らすのがポイントである。

そして、**神への感謝と祈り**を伝え終えたら、最後にもう一礼してから退出する。このとき、神前にお尻を向けないよう後ずさりするように退くとなおよいという。

神社の参拝の様子。手水舎で身を清めてから境内を進んでいく。

ただ、神は穢《けが》れを嫌うことから、喪中の場合、故人との続柄にもよるが、二カ月ほどは参拝を控えたほうがいい。また、犬や猫など、ペットをつれて入ることも、禁じている神社は少なくない。タブーがあれば入口の看板等に書いてあるため、きちんと確認してから参拝しよう。

賽銭の必要がない伊勢神宮

参拝の作法は、全国ほとんどの神社で共通している。しかし、なかには独自の参拝マナーを奨励している神社もある。

たとえば、伊勢神宮の場合、天照大神を祀る内宮《ないくう》を参拝する前に、衣食住の神を祀る外宮《げくう》を先に参拝するのが習わしとなっている。ただし、外宮から内宮までは歩いて1時間程度かかるため、どちらもまわりたいという方は、バスやタクシーの利用を考えてもいいかもしれない。

また、意外なことに、**伊勢神宮では他の神社では当たり前に行われる賽銭の慣習がない**。内宮の参拝場所（正宮《しょうぐう》）へ行くとわかるように、賽銭箱自体が置かれていないのである。

由緒のある神社なのに、と不思議に思うかもしれないが、そもそも伊勢神宮の正宮は、長年、天皇以外の幣帛《へいはく》（お供え物のこと）が禁止されていた。そのため、現在でもお供え物は皇室以外禁止のままなので、参拝で賽銭を入れる必要がないのだ。正月には臨時で賽銭箱が設置されるが、これは小銭を聖地に触れさせないのが目的なのだという。

さらにもう一つ、正宮では**個人的な願い事も禁則事項**である。歴史的に、伊勢神宮は個人の救済ではなく、天皇家や国家の平穏を祈ってきたためだ。どうしても願い事をしたい場合は、外宮の「多賀宮《たかのみや》」か、内宮の「荒祭宮《あらまつりのみや》」でするといいだろう。

拍手を4回打つ出雲大社

独自の参拝マナーといえば、出雲大社は外せない。一般の神社では二礼二拍手一拝が基本だが、**出雲大社は二礼四拍手一拝**と、拍手の回数が多いのだ。同じ形式は大分県宇《う》佐《さ》市の宇佐神宮と新潟県西蒲原郡《にしかんばらぐん》の弥彦《やひこ》神社だけ。さらに、出雲大社においては、5月14日の例祭では二礼八拍手一拝と、回数が増える。いったい、なぜだろう?

研究者の間でも意見は分かれるが、八拍手にその理由があるという説がある。古来、神道において「八」は無限を示す数字である。八回の拍手はすなわち、神へ崇敬を意味する。伊勢神宮でも、神官は八回拍手を行う。ここから、出雲大社は特別な祭礼では八拍手とし、通常はその半分で参拝したのでは、という考えがあるのだ。

ただ、そもそも二拍手は明治時代になって統一されたマナーで、それ以前は神社ごとにバラバラの回数だった。かつては神仏習合の名残りから、合掌する人もいたという。案外、慣例として続いている、というだけなのかもしれない。

13・鳥居のルーツは海外にある？

俗世と聖域を分かつシンボル

神社の入口には、必ずといっていいほど鳥居が建てられている。神社と言えば鳥居、と連想する人も少なくないだろう。では、そもそもなぜ神社に鳥居があるのか、なぜあのような形をしているのか、気になったことはないだろうか？

日本人にとって、神社は神を祀る聖なる場所だ。そのため、**聖なる土地の入り口を示すための門**が必要だった。それが鳥居である。「神門」「天門」と呼ばれることがあるのも、鳥居が俗世である人間界と聖域を分かつ境界だからである。

通常の門と形状が異なるのは、その先に神の鎮座する空間があることを示しているからだ、ともいわれる。江戸時代の儒学者・林羅山《はやしらざん》は『神道伝授《しんとうでんじゅ》』で、鳥居には「神社がここにある」と人々に知らせ、**厳かな心持ちを呼び起こす目的があった**と記している。

また**鳥居をくぐる行為には、人間が神々の場に入るために穢《けが》れを落とす「禊《みそぎ》」の意味があるといわれる**。神の空間に「通り入る」ことから「鳥居」へ転じた、という説もあるぐらいだ。

鳥居のルーツかもしれないインドのトーラナ（左／© Doron）と朝鮮半島の紅箭門（右／© IGEL）

　鳥居をくぐる**「茅輪《ちのわ》くぐり」**も、浄化のために行われる儀式だ。毎年6月に茅草《ちがや》や藁《わら》を輪状に編んで鳥居に設置し、参拝者がそれを通り抜けることで災厄を免れるという神事である。

　また、鳥居が朱色で彩られているのにも、浄化行為に関係がある。朱は古くから、邪気を祓《はら》う色として重視されていたのだ。しかも、朱の原料に含まれる水銀には木材の防腐効果がある。一石二鳥というわけだ。

　もちろん、神社にはじめから鳥居があったわけではない。起源はわかっていないが、外国に由来するのでは、と考える研究者もいる。インドの仏教寺院に建てられたトーラナと呼ばれる門や、朝鮮半島に見られる紅箭門《ホンサルムン》などがそうだ。特にトーラナは鳥居に似た外観をしており、邪悪な存在を退ける結界の役割があったため、なんらかの関連はあるのかもしれない。

バリエーションに富む鳥居の形

鳥居の形は、左右の柱の上部に2本の横木を架けるという、シンプルなものだ。一見すると、どの鳥居も同じ形に見えるが、ある部分の違いで大きく2種類に分けることができる。その部分というのが、「笠木《かさぎ》」という上の横木である。

まず、笠木の両端が上向きに反っているのが**「明神系《みょうじん》」**だ。春日大社の「春日鳥居」や住吉大社の「住吉鳥居」などがそれにあたる。一方、笠木が直線状のものは「神明系《しんみょう》」と呼ばれ、主に天照大神ゆかりの神社にある。伊勢神宮の「伊勢鳥居」や、京都・野宮《ののみや》神社の「黒木鳥居」などだ。

明神系は神明系より建てられた年代が新しく、寺院建築の影響を受けている。そのため、複雑な構成を持つ鳥居が多い。笠木の上に破風《はふ》と呼ばれる山型の装飾板が備え付けられた日吉《ひよし》大社の「山王《さんのう》鳥居」や、柱の下に小さな控柱《ひかえばしら》のある厳島神社の「両部《りょうぶ》鳥居」、鳥居の左右にさらに小さな鳥居が組み合わさった奈良・大神《おおみわ》神社の「三輪《みわ》鳥居」など、バリエーションに富んでいるのが特徴だ。種類は60を超えるとされ、なかには京都・木《この》嶋《しま》神社のように三本の柱が正三角形を描いて立っている「三柱鳥居《みはしらとりい》」という珍しいスタイルの鳥居もある。

さらに、形だけでなく大きさもさまざまだ。現在、**日本で最も大きい鳥居は和歌山・熊野本宮大社大斎原《おおゆのはら》の参道に建てられたもの**である。高さはなんと33・9メートル。10階建てのマンションがすっぽり収まるほどの大きさだ。

一方、最も小さいものは長崎・淡島《あわしま》神社にある27センチメートルの鳥居で、くぐり抜けることができると良縁に恵まれるという。

神社だけでなく寺院にもある鳥居

冒頭で神社といえば鳥居、と書いたが、実は**寺院にも鳥居が設置されることがある**。実際、日本最古の官寺である大阪の四天王寺《してんのうじ》には、石造りの大鳥居が存在し、国の重要文化財に指定されている。また京都・化野念仏寺《あだしののねんぶつじ》や奈良・宝山寺《ほうざんじ》などでも、鳥居の姿を見ることができる。寺院で神々を祀っていた時代の名残だろう。明治初期に神社と寺院は分離されたため、かなり貴重な姿である。

14・注連縄で結界をつくっていた？

聖地を守護するための結界

神社の鳥居や社殿でよく見かける、ねじれた縄。**「注連縄《しめなわ》」**といって、主に神聖な区域に張って外の穢れを中に入れないようにするためのものだ。注連縄を張ることによって清浄となった場所は、神が降りる依代《よりしろ》となり、信仰形態によっては人の入れぬ禁足地となる。要するに、注連縄とは**聖域を穢れから守る結界のようなもの**である。

神道は清らかな状態を非常に重視しているため、聖域を守る注連縄は、あらゆる場所に設けられた。社殿や鳥居だけではなく、御神木などの御神体や神社以外の聖地、場所によっては祭場に張られることも多く、正月には各家庭の門前や玄関にも飾られる。

そのルーツを、日本神話に求める意見がある。天照大神がスサノオの横暴に嘆いて岩戸に隠れたときのこと。太陽神の天照大神が隠れたことで、世界は太陽の消失に直面した。そこで神々は、岩戸の前で宴を開き、天照大神の興味をひこうとする。その結果、楽しげな声につられて岩戸から天照大神が顔を出した。それを見計らって男神が彼女を引きずり出したことで再び世を光が包んだのだが、このとき**岩戸の前には、天照大神が二度と隠れないよう縄が張られた**。この縄こそ、注連縄の起源ではないか、というわけだ。

その他、農民が自身の土地を示すために張った縄がはじまりだとする説もあるが、いずれにせよ、聖地や御神体を邪気から守るために、縄が用いられたようだ。そして、一般的に使われる縄と区別するため、「紙垂《しで》」という白い紙をつけ、現在の注連縄のかたちが作られたのである。

出雲大社の神楽殿にある注連縄。2018 年 7 月に遷宮の一環として新造された

太さによって分けられる三種類

注連縄の基本的な構造は、『日本書紀』に記されている。いわく、「左縄になって端を出す」とのこ

となので、**複数の藁《わら》を左巻きにしてつくられる**。ただし、神社によってはその地の慣習等に従って、右巻きである場合も少なくない。

また、縄の太さに応じて種類がある。最も細い注連縄は「前垂《まえだ》れ注連《しめ》」だ。これは、細い縄で結われた注連縄に紙垂と藁を交互に垂らしたもので、地鎮祭などの祭壇を囲んでいるのは、多くがこの前垂れ注連だ。**使い勝手のよさから、神社のいたるところに設けられている**。

中間の太さの「牛蒡注連《ごぼうじめ》」は、一端だけが太く、そこからもう一端まで細くなっているのが特徴だ。拝殿や鳥居に用いられるだけでなく、神棚にも飾られる。

そして最も太く、牛蒡注連に並んで多く見られるのが「大根注連《だいこんじめ》」である。両端を細くされ、中央部分が太い大根のような形状で、用いられているのは神社の拝殿が多い。その太さは牛蒡注連より太く、直径が平均50センチ前後になることが珍しくない。まっさきに思い浮かぶのは、出雲大社の拝殿に張られたものだろう。その長さは6・5メートル、太さは3メートルにもなり、重さは1000キロという巨大さだ。

だが、実はそれ以上に巨大な注連縄もある。同じ出雲大社の神楽殿にあるもので、長さは13・6メートル、重さは5・2トンにもなるという。

各地にあるバラエティに富んだ注連縄

注連縄は大半がこのいずれかであるが、祭神や信仰の関係で特徴的なものを張っている神社もある。

たとえば、東京都足立区の高野胡録《こうやころく》神社と埼玉県所沢市の熊野神社には、龍を模した注連縄がある。龍を地域の守り神にしているためだろう。栃木県下野《しもつけ》市の星宮《ほしのみや》神社にように、蛇のような注連縄を張る神社もある。

また、茨城県龍ケ崎《りゅうがさき》市にある星宮《ほしみや》神社（下野市の神社とは別）には、「男山」と書かれた酒樽のようなものがぶら下がる注連縄を鳥居に張っている。まさに八百万の神々がいる日本ならではの多様性である。

なお、**注連縄は信仰だけでなく、日本古来のスポーツ、相撲《すもう》とも関係が深い**。相撲がブームとなった江戸時代のころのことである。相撲行司の吉田司家《よしだつかさけ》が、大関の一部に強豪の証として小さな注連縄を付けさせた。すると、それを身につけた力士には神霊が降りるとされ、人々からの尊敬を集めた。この小さな注連縄の名称が、「横綱」である。現在相撲における横綱の由来はここにあり、今でも注連縄は最高位の証として腰に巻かれているのだ。

15・狛犬はエジプトからやってきた？

聖なる場所を守護する獅子が源流

多くの神社には、参道や拝殿前に**狛犬**《こまいぬ》が鎮座している。大きく目を剥いて威嚇するその表情から、狛犬は神社にとって魔除けの「犬」のように思われることが多い。

だが、太く吊り上がった眉や派手な巻き髪からもわかるように、狛犬のモデルは犬ではなく「獅子」、すなわちライオンである。ではなぜ日本に棲息しないライオンが神社の守り神となったのだろうか？　その謎を探るには、**古代オリエント文明にまで遡る**必要がある。

紀元前3000年ごろに成立したエジプトの王家では、彫刻や紋章のモチーフにライオン、つまり獅子を用いることが流行していた。百獣の王と称されるライオンこそが、王家の守護に相応しいと考えられたためである。そして権威の象徴となったライオンは、強い霊力を持った神獣として認識されるようになった。その価値観が反映されたのが、エジプト・ギザのピラミッドを守るスフィンクスだ。

この獅子が「聖なる場所を守護する」とする考えは、その力強い外見から世界各地に広まった。日本伝来は、奈良時代のことである。ところが当時の日本人にとってライオンは未知の動物であったため、人々は身近な犬の一種だと思い込んだようだ。それゆえ大陸からもたらされた獅子像も、朝鮮半島を経由したことにより「高麗犬」と呼ばれた。やがて「外来の獣」を意味する「狛」の字が当てられ、狛犬と呼ばれるにいたった、と考えられている。

阿吽型の狛犬。向かって右が狛犬、左が獅子だとみなされることもある。

人の目に触れられることのなかった狛犬

伝来後の狛犬は、日本独自のスタイルを確立することとなった。それが口のかたちが異なる二体の狛犬で構成された**「阿吽《あうん》型」の様式**である。阿吽型と言えば、仏教の仁王像《におうぞう》が思い浮かぶが、狛犬も仏教の影響を強く受けた。口を開けたほうが阿型、閉じたほうが吽型である。「阿」とは梵語の最初の文字で、宇宙のはじまりを表す。対して「吽」は、梵語の終わりの文字で、宇宙の終わりを示している。この二文字が意味するところは、森羅万象である。つまり、**狛犬の表情を阿吽型にすることで、神聖な場所を護衛するに相応しい霊獣であると示した**のである。

しかし、狛犬は当初から神社に設置され庶民の目に触れたわけではなかった。実は伝来直後の狛犬が置かれた場所は、**宮中**であった。狛犬は天皇のいる御所で調度品として用いられた。平安時代中期に書かれた清少納言の『枕草子』にも、「めでたきもの」の項に「こまいぬ、御帳（天皇の座所兼寝所）の前に設ふ」との記述がある。このように、初期の狛犬は古代エジプトなどの王家と同様、日本の王、すなわち**天皇家の守護を担っていた**のである。

やがて平安末期ごろから狛犬は宮中を出て、神社の社殿内で神像を守護する「神殿狛犬」として据えられることになった。現在のように参道に狛犬が置かれたのは、江戸時代ごろとされている。

各所で見られる犬以外の霊獣

ただ、神社によっては狛犬以外の霊獣が設置されることも珍しくない。稲荷神社では狐が、奈良・春日大社では鹿の像が置かれるのはいい例だ。ただ、これらは「神使《しんし》」、つまり「神の使者」の役割があるとされ、守護を担う狛犬とは多少意味が異なるが。

また、狛犬は寺院でも見られる。たとえば奈良・東大寺南大門には、石造りとしては日本最古の1196年に建立された狛犬があり、重要文化財にも指定されている。

しかしその一方で、**全国の神社の総本宮である伊勢神宮には狛犬がいない**。それは神宮が狛犬の伝来以前から存在したためで、また神使として鶏が存在することから、新しい風習を取り入れる必要もなかったのである。参拝マナーといい、狛犬の有無といい、伊勢神宮には他の神社とは何かと違った伝統があるようだ。

なお、狛犬の姿は「お座り」に似た座形が一般的だが、それだけでなく、逆立ち姿や玉に乗りかかっている姿など多種多様。京都・菅大臣《かんだいじん》神社のように手招き姿の狛犬がいるかと思えば、滋賀・兵主《ひょうず》神社には、参拝者の病気や怪我の平癒を願って包帯を巻きつけた狛犬もいる。日本人が親しんできた犬がモデルだったからこそ、愛くるしい狛犬像がつくられることになったのかもしれない。

16・祝詞とお経はどう違う？

祝詞の根底にある言霊信仰

古より、日本では言葉に魂が宿ると信じられてきた。いわゆる**「言霊《ことだま》信仰」**である。よき言葉を発すればよき出来事を引き寄せ、逆に忌み嫌われる言葉を吐けば災厄を招く――。言葉にはそんな一種の呪文のような力があると考えられてきたわけだ。

この思想を根底に持つ神道儀礼がある。それが**「祝詞《のりと》の奏上」**である。

祝詞とは、簡単に言えば、神職が神を崇める内容の文章を神前で読み上げ、加護やご利益を願う神事だ。一般的には「神社のお経」というイメージを持たれがちだが、両者の性格は大きく異なる。お経が仏の教えを説いた経典であるのに対し、**祝詞は神々への感謝や願いを伝える、いわば神との対話の手段**なのだ。

実際、祝詞の「のり」は「祈り」の「のり」に通じ、さらに「乗る」、つまり神霊が人に憑依した状態を示すとされている。そのため、祝詞によって発せられる言葉には、神々に働きかける霊力、すなわち言霊が宿るといわれているのである。

神話時代に始まり平安時代に確立

祝詞の起源は、神話にまで遡る。言霊の神・天児屋命《あめのこやねのみこと》が、天照大神の徳を称える**「太祝詞言《ふとのりとごと》」**を奏上したことに由来するという。現在の祝詞は、平安時代に編纂された「延喜式祝詞《えんぎしきのりと》」を基準にしており、そこには穀物の豊穣を願う「祈年祭」や、宮中の防火を目的とした「鎮火祭」など、朝廷の祭儀に関わる27編の祝詞が収録されている。

いずれも対句や反復、押韻などの修辞法が駆使された格調高い文体で記されているが、特に有名な祝詞として、天下万民の穢れを祓う「大祓詞《おおはらえのことば》」が挙げられる。これは毎年6月と12月に奏上される祝詞だ。律令制が整備された8世紀のはじめから半ばごろには、すでに体系化されたものである。「高天原に 神留まります 皇

祝詞を奏上する神職

が睦」と始まる荘厳な文章は、**穢れの浄化という神道思想の根本を凝縮したものとして神聖視されている。**

また、大祓詞は天児屋命の末裔で、古くから宮廷祭事を担っていた中臣氏《なかとみし》によって奏上されていたため「中臣祓《なかとみのはらえ》」とも呼ばれていた。

さらに祝詞には、神事の始まりに際し神職や参列者のお祓いを行う「祓詞《はらえのことば》」や、遠方の神を拝する「遥拝詞《ようはいし》」、また天皇が神を祀る際の「御告文《ごこうもん》」など数多くの種類が存在する。

守られ続ける細やかな形式

文体によっても、祝詞は分類できる。人々に神の言葉を聞かせる「宣命体《せんみょうたい》」と、人々から神に向かって言葉を述べる「奏上体」の二つだ。見分け方は、文末を見れば明らかで、末尾が「宣《のたま》う」で終わるのが宣命体、「申す」と結ばれているのが奏上体である。

このうち、**人々の生活に身近な厄除けや家内安全といった祈願を目的とした祝詞は、奏上体が用いられ、各神社の神職が作成**する。「かけまくもかしこき」という言葉で始まり、願い事を伝える祭神の名やその徳などが述べられた後、具体的な祈願の内容に入る形式が多い。「かけまくもかしこき」とは「口に出してお名前を申し上げるのも畏れ多い」という意味で、末尾には「以上を謹んで申し上げます」という旨の「かしこみかしこみも申す」という言葉で締めくくられる。

このように、祝詞の構成はある程度定型化されているが、そこには細かな規則も存在する。

たとえば、祝詞を記す奉書紙は7折半に折り、神の名は行をまたがないようにすること、神主の名前は小さく書き、奏上の際も小声で読むこと、また敬意を払うべき対象はあくまでも神であるゆえ、天皇を例外として依頼者の氏名には敬称を使わない等々。

しかも祝詞には奈良時代以前の大和言葉が使われているため、全て漢字で表記しなければならない決まりがある。そのため助詞も「を」は「乎」、「の」は「乃」といった漢字が用いられている。

また、誤読を避けるために名詞や動詞などは大きく書き、それ以外の送り仮名などは小さな文字で記すのも祝詞の特徴と言えるだろう。

神職は徐々に声調を高くしていく独特の発声法で祝詞を読み上げるが、そこには**言霊を響かせる意図がある**という。古の形式を守り続けた祝詞は、今なお神々の世界と通じる儀礼として受け継がれているのである。

17・おみくじで神様の機嫌を伺っていた?

神の意志を知る手段だったおみくじ

誰もが気軽にできる運勢占いとして、おみくじは老若男女を問わず親しまれている。だが、古代においては、**神の意志を問う祭具として重要視されていた**ことをご存知だろうか。

古墳時代以前の日本では、鹿の肩甲骨を焼いてそのひびの模様で吉凶を判断する「太占《ふとまに》」や、鹿の骨を亀の甲羅に代えた「亀卜《きぼく》」といった占術が存在した。こうした占術に基づき、人々は祀るべき神を決め、託宣《たくせん》を得ようとしていたようだ。この神意を図る儀式から、おみくじが派生したのである。

初期のおみくじは「短籍《たんざく》」と呼ばれる紙片に選択すべき事柄を書いて折り畳み、神に祈りを捧げた後、一枚を手に取る方式であったと伝えられている。この短籍は『日本書紀』にも登場し、7世紀半ばの斉明《さいめい》天皇の時代、前天皇の子である有間皇子《ありまのみこ》が皇位継承を巡って謀反を企てたが、その成否を占うのに用いたという記述がある。

おみくじで選ばれた将軍

やがておみくじは、物事の当落や勝敗を選定する手段として広く用いられるようになる。そして時には、**重大な人選に関わるケースもあった。**

宮中の儀式などを描いた『増鏡《ますかがみ》』によると、1242年に四条《しじょう》天皇が崩御《ほうぎょ》した際、鎌倉幕府のトップ・北条《ほうじょう》泰時《やすとき》は、鶴岡《つるがおか》八幡宮でくじを引いて次代の天皇を定めたという。

さらに1428年、室町幕府の将軍・足利義持《よしもち》が急死した際、彼が後継者を指名しなかったため、京都・石清水八幡宮で次期将軍を選ぶくじ引きが行われた。こうして誕生したのが6代将軍・足利義教《よしのり》で、選定にいたる経

神社に結ばれるおみくじ。神の意志を求める儀式から派生した。

緯から「くじ将軍」と呼ばれることもある。

そんな大事なことをくじで決めていいのかと不安になるが、あくまで**神意を求めるのが目的**である。「御神籤」という字が当てられることがあったのも、そのためだろう。

また、物事を裁定する機能を持つことから、審判を意味する「公事」の字が当てられる場合もあった。運任せのように見えるが、だからこそ、くじには人の力を超えた意思がはたらくと考えられたのだろう。**くじで物事を定めることは、「神意の表れ」という正当性を持たせる目的もあった**のである。実際、1582年に「本能寺の変」を起こした明智光秀も自身の反逆行為に「神の意向」という大義名分を与えるべく、京都・愛宕《あたご》神社で大吉が出るまでくじを引き続けたといわれている。

庶民に普及したおみくじ

将軍選定など、国政の重要事項に関わっていたおみくじが一般庶民の手に取られるようになったのは、鎌倉時代以降のこと。普及のきっかけとなったのは、比叡山延暦寺の高僧・元三大師《がんざんだいし》が、「観音みくじ」と呼ばれるくじを考案したことであった。

観音みくじは105種の漢詩によって吉凶を占う形式で、「元三大師百籤」とも呼ばれた。やがて江戸時代に入ると、徳川家康の側近で元三大師を崇拝していた天海《てんかい》大僧正が、観音みくじを改良。これにより、運勢が記された紙に番号を付け、1から100までの連番が振られた棒を一本引いて互いの数字を照らし合わせるという、今日のおみくじに近いかたちが確立されたのである。

ただ観音みくじは、記された漢詩が仏教色の強い内容である。神社では吉凶の解説に『古今和歌集』などから引用した和歌が用いられることが多い。また明治神宮のように吉凶がなく、代わりに祭神の明治天皇などが詠んだ和歌が記されたおみくじも存在する。

ちなみに、意外なことに、伊勢神宮にはおみくじがない。これは江戸時代に「一生に一度はお伊勢参りへ」と言われるほど神宮が日本の聖地と崇められ、参拝が叶ったこと自体が大吉とする考えがあったためとされる。

現在のおみくじは、「みくじ箋《せん》」と呼ばれる紙片が用いられることが一般的で、**その7割近くが山口・二所山田《にしょやまだ》神社が設立した新聞社「女子道社」で製造されている。**

ただ、近年は祭神や地域にちなんだおみくじも目立つようになってきた。たとえば和歌山・熊野那智大社では、神の使いとされる八咫烏《やたがらす》の置物が付いたおみくじが、また京都・下鴨神社では、縁結びとして源氏物語の主人公である光源氏の詠んだ歌が使用されるなど、ユニークなくじが参拝者を惹きつけている。

18・絵馬のルーツは馬の奉納の代わり？

かつては本物の馬を奉納

おみくじと同じく、絵馬《えま》の奉納を目的に神社へ行く人は多い。絵馬とは神々へ願いを伝えるための木製の祈願札で、馬の絵が描かれ、厩舎《きゅうしゃ》の屋根を模したような、五角形のものが多い。

現在では、祭具、神像、さらには各神社の特徴や干支の絵を描いた絵馬も多く出回り、その形も多種多様。個人用や団体用などのニーズにも応じている。必ずしも馬にこだわらなくなっているが、そもそもなぜ、馬の絵が描かれることが多いのだろう？　それは、**かつては絵の馬ではなく、本物の馬が奉納されていた**からである。

もともと馬は、**神への生贄として捧げられた動物**だった。『日本書紀』にも、7世紀半ばごろに牛馬を殺して社の神を祀った、という記述が見える。大陸から入った祭祀にルーツがあるが、一方で、馬は**神の乗り物**として、神宝や奉納物を神々の世界へ運ぶ神獣だとも信じられていた。とくに神聖化されたのが白い馬で、現代の伊勢神宮や住吉大社、上賀茂神社などでは、「神馬」と呼ばれる白馬が神の使いとして重視されている。

そのため、往古の人々は、馬を神に奉納することで願いを届けてもらおうとした。奈良時代の実情を記した『続日本記《しょくにほんぎ》』にも神馬の奉納についての記述があり、雨乞いの儀式で生贄にしたことも記されている。

しかしこの方法には問題があった。**当時の馬はかなりの貴重品**で、参拝や祭礼のたびに用意することは難しかったのだ。そこで人々は、馬を象った代用品を奉納することで、願いを届けようとしたのである。

江戸時代以降、小型の絵馬が一般庶民に浸透し、現在でも多くの神社で奉納できる。

江戸時代になって人気はピークに

では、この習慣はいつからあるのだろう？

1012年に歌人の大江匡衡《おおえのまさひら》が北野天満宮に馬の絵

を奉納したという記録があるので、平安時代までには代用品を奉納する習慣が確立していたのだろう。ただ、当初から絵馬が奉納されていたわけではない。当初の代用品は土人形や木馬など様々で、馬の絵はその中のひとつでしかなかったようだ。

馬の絵が主流となるのは、**室町時代に入ったころ**である。各神社の祭神や他の神獣を象ったものも、このころから増加した。稲荷神社ならばお稲荷様や狐、天満宮では天神様や牛といったように、である。大型の木札に描かれるようになったのも、室町時代からだとされている。

さらに安土桃山時代になると、著名な絵師が絵馬を制作することが増えた。中でも狩野派が手がけた大絵馬は、芸術性の高さから富裕層を中心に大流行することになる。

そして**江戸時代になると絵馬は小型化して庶民に浸透し、人気はピークに達した**。小型絵馬の奉納は、この時期を境に一般化したという。奉納された絵馬をまとめる「絵馬堂」が全国の神社に設置されたのも、江戸時代前後だとされている。

こうした経緯で、絵馬は現在も神社の風習として残っている。ただし、個人の願い事を原則として禁じている伊勢神宮では絵馬の奉納もできないため、注意が必要だ。

願いが叶えばお礼参りも忘れずに

最後に、絵馬を奉納するときの手順を紹介しよう。まず社務所で初穂料《はつほりょう》を収めて絵馬を受け取ったら、絵の描かれていない裏側に願い事を書く。神様が叶えやすいよう住所氏名と年齢を書くことになってはいるが、個人情報を保護したいなら都道府県名と姓か名のどちらかだけ、もしくはイニシャルでもいいようだ。

肝心の書き方だが、**願い事は一つだけにして、「したい」と表現せずに「する」と断定するようにしよう**。そうすれば、より効果が増すという。そして最後に、書き終えた絵馬を絵馬掛け場か絵馬堂に吊るして完了だ。

奉納された絵馬はしばらくしてから回収され、神へ届けるためにお焚き上げにされる。回収までの期間は神社によってまちまちで、年末年始に一回の神社もあれば、一年に複数回、小さな神社では数年に一回という場合も。

なお、**無事に願いが成就したら、もう一度絵馬を奉納するといいのだという**。手助けしてくれた神への感謝を記し、お礼参りをするのだ。神道において重要なのは、神への感謝と祈りである。絵馬を奉納する際も、神を敬い大事にする気持ちを忘れずにいたいものだ。

19・一宮なのに複数あるのはなぜ？

定められた根拠に乏しい社格

48～51ページで紹介した式内社《しきないしゃ》のように、神社には社格というランキング制度がある。しかし、もしかすると、式内社よりも**「一宮《いちのみや》」**という社格のほうが、一般的には知られているかもしれない。

現在、一宮は各都道府県を代表する神社として信仰対象になっているが、もともとは**各国（地方）で最も重要な神社に与えられた称号**である。この下に「二宮」を置き、地域によっては「三宮」以下を設置した。「総社」と呼ばれる神社もあるが、これは重要な神々を一箇所に集めた神社のことである。

成立時期は不明だが、各地の神社が信仰を集めるうちに自然とできたとする説が有力だ。11世紀ごろには地方に定着し、現在の知事に相当する国司《こくし》や、政務を担った在庁《ざいちょう》官人《かんじん》の間で信仰されたという。そのため、**一宮に祀られる神が国司たちの氏神になるケースも少なくなかった**ようだ。

地域の中に数社ある一宮

さきほど、最も重要な神社が一宮になると書いたが、実はそうとも言えないケースもある。時代によって一宮が交代し、式内社制度下では社格が下の神社が一宮を名乗ることも、珍しくはなかったのだ。それどころか、複数の神社が一宮となった地域もあるぐらいで、**必ずしも明確な基準があるわけではなかった**。

たとえば、伊勢国にも複数の一宮がある。そう聞くと、伊勢神宮とどこかだと思う方は多いかもしれないが、それは誤り。伊勢神宮は別格の神社だとされているので、一宮には該当しないのだ。

伊勢国の一宮は、「椿大神社《つばきおおかみやしろ》」である。ニニギの道

沖縄県の一宮・波上宮。主祭神はイザナミだが、琉球神話と関連付けられ信仰されている（©ChiefHira）

案内をした国津神サルタヒコを祭神とし、紀元前に社殿を奉斎したという伝承を持っている。もう一つが、同じサルタヒコを祀る「都波岐《つばき》神社・奈加等《なかと》神社」である。元は二つの神社だったが、明治に合併して一つの神社となった。「都波岐奈加等神社」とも呼ばれている。

その他にも、筑前国（現福岡県）では「住吉神社」と「筥崎宮《はこざきぐう》」がそれぞれ一宮を名乗っている。摂津国（現大阪府と兵庫県の一部）は「住吉大社」と「坐摩《いかすり》神社」が一宮だ。

紀伊国（現和歌山県）にいたっては、「丹生都比売《にふつひめ》神社」「伊太祁曽《いたきそ》神社」「日前宮《にちぜんぐう》（日前《ひの》神宮・國懸《くにかかす》神宮）」の三社が一宮とみなされており、同じく越中国（現富山県）でも、「気多《けた》神社」「雄山《おやま》神社」「高瀬《たかせ》神社」「射水《いみず》神社」の四社が一宮である。

このような体制が明治以降も受け継がれ、一宮は複数のままとなっている。

一宮が複数鎮座する理由

一宮が複数鎮座するのはなぜか？　理由はいくつか考えられている。

一つは、**複数の神社が一つの神社とみなされるケース**である。これに該当するのが、京都の上賀茂《かみがも》神社と下鴨《しもがも》神社の二社である。両社は奈良時代以前から、同じ賀茂氏の氏神を祀る神社として信仰されていた。そのため、まとめて一宮として扱われているのだ。

なお、平安京造営計画に基づいて上賀茂神社の神霊を分霊し、下鴨神社が建立された、という説もあるが、両社の創建年は不明な点が多い。

二つ目が、**権力者が肩入れしたケース**である。新潟県の弥彦《やひこ》神社は、平安時代に「名《みょう》神《じん》大社」と呼ばれるほどに格式の高い神社だった。そのため事実上の一宮として信仰を集めていたが、戦国時代に新潟周辺を治めた上杉謙信は、本城に近い居多《こた》神社を一宮として支援した。このような経緯によって、現在も県内の一宮は弥彦神社と居多神社の二つとなっているのだ。

しかし、このように原因が判明していることは極めて稀で、**よくわかっていないケースがほとんど**である。一宮には認定基準がなく、史料も乏しい。神社の主張を考慮した結果、一宮が複数となった事例が大半のようだ。

ちなみに、ほとんどの一宮は江戸時代までに決まっていたが、**明治時代以降に新しく一宮に認定された神社もある**。それらは、全国の一宮で構成された「全国一宮会」主導で決められた。青森県の「岩木山《いわきやま》神社」や岩手県「駒形神社」がそれにあたる。これらの地域は、意外なことにこれまで一宮がなかった。また、明治時代まで神社のなかった北海道には「北海道神宮」が、沖縄県には「波上宮《なみのうえ》」が設けられて一宮となっている。各都道府県に一宮がある状態は、比較的最近になって実現したのである。

20・式年遷宮の目的は穢れを祓うこと？

国宝に指定されない伊勢神宮の社殿

近代化以降、日本は歴史的・美術的に価値の高い建造物や創作物を「文化財」として保護してきた。そのうち最もランクの高いのが、「国宝」である。観光地として人気がある広島の厳島神社や滋賀の日吉大社も国宝である。また、長野県大町市の仁科神明宮《にしなしんめいぐう》や大阪府堺市の櫻井《さくらい》神社といった、さほど知られていない神社も国宝に指定されている。

しかし、意外な神社がこの国宝指定から漏れている。それが、神道の頂点に位置する伊勢神宮である。他の国宝と比べると劣っている、ということなのだろうか。いや、そうではない。伊勢神宮は、社殿を定期的に造り変えるために、国宝になっていないのである。

伊勢神宮では20年に一度、正殿を含む全ての社殿と神宝を造り変え、神霊を新宮に遷す祭礼が行われる。これが有名な**「式年遷宮《しきねんせんぐう》」**である。準備に8年を費やすほどの一大行事だ。

ただし、その祭礼は由緒あるものだが、国宝は対象の歴史的な価値を評価する制度。そのため20年ごとに社殿が新しくなる伊勢神宮は、国宝の評価基準にそぐわない。むしろ、**国宝に指定されると社殿を維持しなければならなくなるため、式年遷宮ができなくなる**。そのため、指定から除外されているのだ。

1953年10月に行われた外宮における式年遷宮の様子。この年に初めて写真撮影が許された。

１３００年以上も受け継がれてきた事業

式年遷宮の実施回数は、これまでに62回を数える。次の式年遷宮が行われるのは２０３３年だが、一回目はそれより１３００年以上前の、６９０年代に行われたという。持統《じとう》天皇が即位するにあたり、先代の天武《てんむ》天皇が遷宮を発案したのだ。その意向に従い、持統天皇が即位した６９０年に内宮、６９２年に外宮で遷宮が執り行われた（『太神宮諸雑事記《だいじんぐうしょぞうじき》』）。

これ以降、式年遷宮は定期的に実施されることが決まり、祭礼のために全国から特別税を徴収するほどの大事業になる。室町時代には資金を調達できずに１００年以上中断されたが、大大名の支援によって復活。江戸時代にも受け継がれ、明治維新後は国家事業にまで発展したのである。

式年遷宮の謎

このように、１０００年以上の歴史を誇る式年遷宮だが、謎がいくつか残っている。まず、先述したように式年遷宮のはじまりは６９０年前後とされてきたが、その記録が残っているのは『太神宮諸雑事記』だけ。そのため第一回遷宮が別の時期に行われたと考える研究者は少なくないのだ。

そして最大の謎は、式年遷宮がなぜはじめられ、どうして20年周期となったかだ。発案者が天武天皇だったとしても、**式年遷宮を行おうとした理由はどこにも記されていない**。定期的に実施した理由や、20年周期にした理由も不明のままだ。

ただし、８０４年に作成された『皇太神宮儀式帳《こうたいじんぐうぎしきちょう》』には、20年周期の社殿改築に関する記述があるので、少なくとも８００年代までには祭礼の詳細が決まっていたようだ。

それでは、式年遷宮が行われるようになった理由は、何なのだろうか？

様々な仮説がたてられているが、説得力があるのは**耐久年数説**である。伊勢神宮のように、地面に直接柱を立てる建築物は寿命が短い。そのため、祭礼を兼ねて建て替えているとする説だ。

また、建築技術や神宝の製造技法を絶やさないよう、**技術継承を目的としている**という説もあるが、伊勢神宮の精神性に注目すると、別の仮説が信憑性を帯びてくる。それが、**常若《とこわか》の精神の実現のため**、という説である。

どんなに立派に建てた神社でも、時が経てば必ず朽ちる。また、劣化を放置すれば穢れも溜まる。甦りの思想を重視していた古代の日本人は、穢れの蓄積を防ぐために神社も一定の周期で甦る必要があると考えた。そのために、神社を定期的に建て替えて穢れを祓い、神の力を若返らせようとした。このような、常に新しく生まれ変わらせ若々しさを保とうとする考え方が「常若」である。

伊勢神宮は天皇の皇祖神であると同時に、日本国民の総氏神でもある。**社殿や神宝を新調すれば、国家全体の穢れを祓って栄えある姿を維持することができる**。こうした思想のもとに、式年遷宮が始まったとみなすこともできるのだ。

21・神社のルーツは稲倉だった？

稲倉を参考にした社殿

神社には、もともと本殿も拝殿もなかった。それなら、何がきっかけで社殿がつくられるようになったのだろうか？

神仏習合の影響で、神社建築は寺院建築の影響を色濃く受けるようになった。しかし日本古来の考え方も、その様式には反映されている。神社の形状に注目すると、日本古来の生活習慣が反映されていることに気づかないだろうか。そう、**神社には、弥生時代の「稲倉」の影響が見て取れる**のである。

稲倉とは、その名の通り刈り取った稲を保管する高床式の倉庫のことで、現在でも発掘調査でその遺構が見つかることがある。伊勢神宮の建築様式は、この稲倉にそっくりなのだ。

縄文時代末期から弥生時代にかけて伝来した稲は、その収穫率の高さから、たちまち日本中に広がった。そして人々に恵みをもたらすこの作物は、「稲魂」が宿る神聖なものだと信じられるようになった。つまり、稲を納める稲倉は事実上の神殿でもあり、社殿造りでは、その構造が基準にされたのである。

京都の上賀茂神社。建築様式は流造り。平安時代後半には、この建築様式が登場していた。

ほとんどの神社が採用する社殿様式とは？

社殿の建築様式は、その後、仏教建築の影響を受けて整備されていった。**最も多く見られるのが「流造《ながれづく》り」と「春日造《かすがづく》り」だ。**

流造りは、前面の屋根が下へ流れるように突き出ているのが特徴で、京都の上賀茂神社や下鴨神社がこの形状を採用している。

次によく見られる春日造りは、前に張り出した「向拝《こうはい》」という屋根が特徴的な構造である。奈良の春日大社にルーツがあるといわれている。

これらに次いで多い形状が、廻り縁と庇《ひさし》付きの屋根を持つ、寺院の造りに似た「入母《いりも》屋造《やづく》り」だ。全神社の90％が、これらのいずれかに該当するという。

しかし、他にはない独自の形状をしている社殿も少なくない。

本殿と拝殿の間の廊下に屋根を設けた日光東照宮の「権現造《ごんげんづく》り」や、外見はひとつの社でも内部は二部屋に分かれる大阪・住吉大社の「住吉造り」、庇が正面だけでなく左右にも付けられた滋賀・日吉大社の「日吉造り」、さらにふたつの社殿をひとつに繋いだ八幡宮系列の「八幡造り」などが有名だ。

伊勢神宮にのみ許された「唯一神明造り」

そして、**原初的な神社の形態に最も近いといわれるのが、出雲大社の「大社造《たいしゃづく》り」と伊勢神宮の「神明造《しんめいづく》り」**だ。

まず注目すべきは、「屋根」である。出雲大社も伊勢神宮も、屋根は下鴨神社のように大きく湾曲しているのではなく、本を開いて乗せたような構造をしている。

大社造りの場合、屋根はゆるやかに曲線を描き、社の中心にある心御柱《しんのみはしら》を棟まで通らせている。また、入口が中央ではなく、左右のどちらかに偏っているのが特徴的だ。こうした形状は、出雲大社のある島根県周辺でよく見られる。

一方の神明造りは、出雲大社とは逆に屋根から反りをなくし、心御柱が床下まで達している。三重県の神宮系列の神社で見られ、特に伊勢神宮の構造は**「唯一《ゆいいつ》神明造り」**と呼ばれている。**他の神社が真似することを許されていない特別な形式**だ。

一見、神明造りとの違いはわかりにくいが、礎石を使わずに丸柱の掘立式にしていたり、屋根に置かれた「千木《ちぎ》」が搏風《はふ》に伸びていたりと、細部に違いが見える。

千木とは、屋根の両端に付けられる交差式の部分の名称だ。正面から見て、角のように広がっている部位である。宮殿の装飾品に由来するといわれているだけあって、シンプルながらも洗練された形状をしている。

このように、稲倉を基礎にしながら、大社造りも神明造りも独自の形状を生み出した。全国の神社は、こうした原初の形式に影響を受けたと考えられている。普段はなかなか稲作のことは意識しないが、全国各地に祀られる神社には、そうした2000年以上前の風習が反映されているのである。

22・神社を新しく建てることはできる？

誰でも出来る神社の開設

神社といえば、由緒正しく、長い歴史を持っている、というイメージが一般的だ。確かに、創建2000年を超えると伝わる神社は全国各地に存在する。また、橿原《かしはら》神宮や平安神宮、明治神宮といった比較的歴史の浅い神社でも、国家が設けたという由緒がある。

しかし意外にも、神社の設置はさほど難しいことではない。**設置費用さえあれば、誰でも自由に神社を開設することができる**のだ。

たとえば、2015年には、和歌山市を走る和歌山電鐵《わかやまでんてつ》が、貴志川線《きしがわせん》貴志駅に「たま神社」という名の神社を設けている。祀られているのは、元駅長であるネコの「たま」だ。

もともと構内にあった祠を新たに神社とし、「たま大明神」として祀ったのである。

また、企業が自社の安寧を祈願するために、小型の神社や鳥居を社内に設置するケースもある。そうして、正月や創立記念日など、特定の日に一般社員や重役が参拝するわけだ。なお、祭神は産業の神である稲荷神が多いが、やはり社内向けであるためか、一般人は参拝できないことが多い。

たま駅長を祀るたま神社。たまの葬儀は同町にある大国主神社が担った。

このように、由来や規模にかかわらず、民間企業などが新しく神社を建設することができる。そして**特別な法的手続きも、建てるだけなら必要ない**。日本国憲法第20条で信仰の自由が認められ、宗教活動も反社会的でない限り制限を受けないからだ。そのため神社を作るだけなら、費用と土地さえあれば、誰でも可能なのだ。

神社設立に必要なもの

では、実際に神様を迎えて神社を建てるには、何が必要なのだろうか？

新しい神社を建てるには、まず神を迎えるために**「依代《よりしろ》」**を用意しなければならない。依代とは、その名のとおり神が降りてくるところだ。古い神社の場合は**岩や樹木、鏡、剣など**であることが多い。ちなみに、日本人は依代を通じて神を祀ってきたため、祭祀で神輿《みこし》や山車《だし》を使う場合も、その内部にも依代が設けられる。京都祇園祭《ぎおんまつり》の山鉾《やまぼこ》も、そもそもは神を宿す依代としての役目を負っている。

祀る神を決めたら、祭神にしたい神がいる神社から分霊してもらおう。たま駅長のように新しく神を祀る場合は、後で困らないようにどのように信仰するかをあらかじめ決めておいたほうがいい。後は予定地に建てた社殿に依代を収め、鳥居、賽銭箱、手水舎などをつければ完成である。

神社本庁の包括下に入るための手続き

ただし、**神社本庁のもとで本格的に活動したいのであれば、宗教法人となる手続きを踏まなければならない**。はっきり言って、コネや資金がない限り、希望どおりにはいかないだろう。

宗教法人となるには、宗教団体として承認される必要がある。承認の条件は、「宗教の教義を広めること」「儀式や行事を行うこと」「信者の教化育成」「他の団体と区別された独立の活動」「借用ではない独自の礼拝施設を備えていること」。これらの条件を満たしたら、代表や各種役員を選んで規則を制定していく。それから都道府県庁か文部科学省で規則の認証申請と設立手続きを済ませれば、宗教法人格を取得できる。

だが、それだけでは神社本庁に参加することはできない。100坪以上の土地、神社らしい様式の本殿、拝殿、鳥居などの必要施設を揃え、祀るに相応しい祭神を呼ばなければいけない。数年単位の活動実績を報告し、予算を準備する必要もある。

なんとかこれらの条件を満たせば、神社本庁に規則案の申請などができる。しかし、これが本庁統理に受理されても、まだ終わりではない。総代（神社の代表）を決め、宮司の任命を統理《とうり》に具申し、登記完了届を法人登記簿謄本とともに神社本庁へ提出しなければならない。

そして、その後に届け出が承認されれば、役員の詳細報告と財産目録を作成して、正式に神社本庁の包括下となることができる。

このように、新しい神社が神社本庁の包括入りを目指すのならば、**ある程度の実績と時間、中小企業設立並みの資金が必要**となる。一般人ではまず無理なので、どうしても神社で働きたい、という方は、神職を育成する國學院大學や皇學館大学へ行くことをお勧めする。

天照大神が岩戸にこもった際、神々が集って対応を相談したと伝わる天安河原。天孫降臨神話で有名な高千穂にある（安ちゃん / PIXTA）

第三章

神道で重視される日本神話と神々の謎

23・日本神話は何のためにつくられた？

日本の神話をまとめた『古事記』と『日本書紀』

神話とは、人々が語り継いだ物語の結晶である。文字が普及する遥か前から伝わるため、制作時期や聖典の作者、制作理由は不明なことが多い。

その数少ない例外が、日本神話である。他国の神話とは違って、日本神話は制作年代がはっきりわかっているのだ。天照大神の岩戸隠れ神話や、神武天皇の東征神話などは有名だが、そうした神話が記されているのが、『古事記《こじき》』と『日本書紀《にほんしょき》』である。

『古事記』は712年に完成した現存する最古の歴史書で、上中下巻の3巻構成だ。このうち上巻が日本各地の伝承をまとめたもので、残りの2巻は推古天皇までの古代皇室に関する記述である。

一方の『日本書紀』は、720年に完成した歴史書で、その規模は全30巻にもなる。1巻と2巻に神話が掲載され、残りは持統天皇の時代までの歴史を記している。『古事記』と比べると客観的に記されており、異説も別枠で掲載しているため、**歴史書としての完成度は『日本書紀』に軍配が上がる。**

とはいえ、どちらも主要な日本神話が掲載され、後世への影響は計り知れない。そうしたことから、**『記紀』とも呼ばれるこの二書は歴史的に尊ばれてきた**のである。

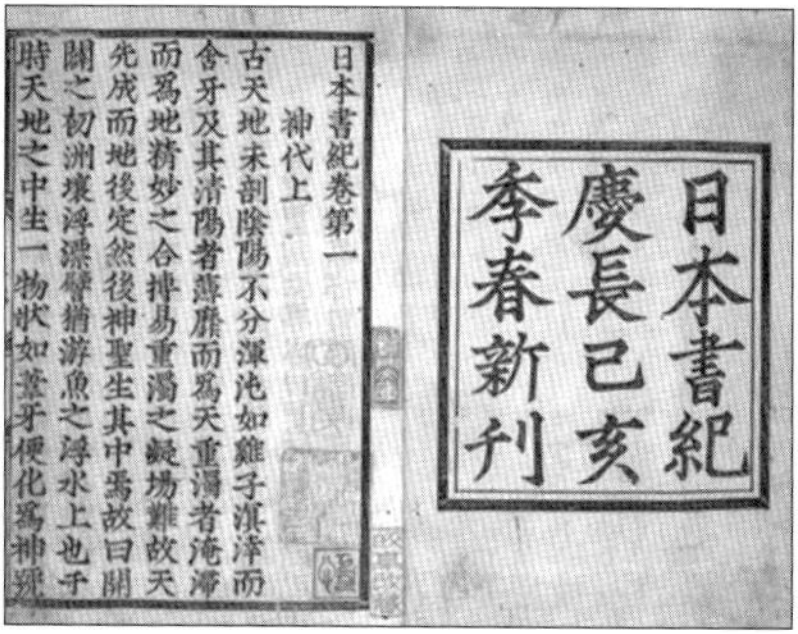

慶長年間の『日本書紀』。歴史書として尊ばれ、貴族社会で講義が続けられてきた。

歴史書の編纂を命じた天武天皇

それでは、『記紀』に記されている日本神話は、どのような目的で作られたのだろうか？

『古事記』が完成したのは712年だが、編纂作業が始まったのは、680年代からである。そしてこの時期に、朝廷を二分する大事件が起きていた。672年、皇位継承をめぐって争われた「壬《じん》申《しん》の乱」である。

皇位継承争いは、天智《てんち》天皇の息子・大友皇子《おおとものみこ》と、弟の大海人皇子《おおあまのみこ》の間で起こった。勝利したのは大海人皇子である。この皇子が『古事記』編纂を命じた第40代**天武《てんむ》天皇**だ。天武天皇は、権力基盤を固めようと中央集権化を進めた。東国遠征の前線基地となる伊勢方面を整備して軍事力を強化する一方、神祇を制度化して祭政一致を促進し、支配力の強化も図った。それらの政策と同時に始められたのが、歴史書の編纂作業だった。

ちょうどこのころは、大陸から伝わった文字が浸透し、古い口伝を文字化して記録に残す動きが本格化していた。そんななか、天武天皇は伝承の一つである『旧辞《きゅうじ》』と、天皇家の系図を表す『帝紀《ていき》』の整理を稗田阿礼《ひえだのあれ》に命じる。そして681年、皇族と官人から6人ずつ選んで、歴史書の編纂作業を命じたのである。

天皇が神々の子孫であることを明確に

伝承が残っているのに、なぜ天武天皇は一から歴史書をつくることを命じたのだろうか？　それは、**書物によって天皇を神格化するため**である。中央集権化を実現するには、トップに権力を集中させなければならない。そのために、天皇家は各地の神話と結びつけられた。**天皇の祖先を高位の神々と関連付け、天皇家こそが日本の支配者であることを正当化しようとした**のである。ちなみに、「天皇」という名称が確立されたのも、天武天皇の時代だと考えられている。

天照大神を天皇の先祖としたのも、天皇の優位を示すためである。また、地上の荒神が天津神に国の支配権を譲る「国譲り神話」も、天皇支配の正当性を示すことが目的だ。

実際、『古事記』の序文には天武天皇が「邦家《ほうか》の経緯、王化の鴻基《こうき》」を目的にしたと書かれている。つまり、**国家誕生の経緯を明らかにして、天皇中心社会の実現を目指す**と宣言しているのである。

同じく『古事記』の序文によると、編纂作業で天武天皇は「偽りを削り実を定めよ（虚偽を消して真実を書き記せ）」と注意したという。その真意は、天皇家にとっての「真実」を作ることだったといっていいだろう。

編纂作業は天武天皇の存命中には終わらなかったが、元明《げんめい》天皇治世下に『古事記』は完成した。

さらに同じ時期、舎人《とねり》親王を責任者にした歴史書の編纂も進められ、元正《げんしょう》天皇治世下に、『日本書紀』が完成した。

編纂作業が別々に進んだ理由はわかっていないが、これらの書物によって天皇の正当性を表す神話が構成され、後々の世まで多大な影響を残したことは確かである。

24・国生み神話と同じ神話が海外にある？

イザナギとイザナミの契りで生まれた日本列島

どんなに遠く離れていても、各地に伝わる神話には、なんらかの類似性が見つかることがある。たとえば、**天地創造神話**である。どの民族も、天地創造神話を持つ。日本もその例外ではない。

日本神話において、**初期の世界は天と地の区別のない混沌の中にあった**。やがて混沌の中から濁りと清浄なる部分が分かれていき、長い年月の果てに沈んだ濁りは地上に、清浄なる部分は天の世界をかたちづくったという。

そうして誕生した天の世界が、「高天原《たかまがはら》」だ。高天原には数多くの神々が出現したが、このとき、地上はまだ泥のように濁ったまま。そこで神々は、イザナギとイザナミに国をつくるよう命じた。命に従った二柱は、天と地の境にある天の浮橋に降り立つと、天《あめ》之瓊矛《のぬぼこ》（天沼矛）という矛を海に突き刺しかき混ぜた。そして、矛を引き上げ切っ先から滴り落ちる塩が積み重なり、「オノコロ」という島となる。

島に降り立った二柱は、宮殿を作って夫婦の契りを結び、淡路島、四国、隠岐、九州など「大八洲《おおやしま》」と呼ばれる八つの島を生み出した。そして最終的には、14の島々が生まれた。これらの島々が日本列島の原型であり、**「国生み神話」**と呼ばれるものである。

悲劇的な最後を迎える神生み神話

ただ、ここまでは国の土台を生んだに過ぎず、日本列島は砂と岩だけの土地でしかなかった。そこでイザナギとイザナミは豊穣をもたらす神を生むことにした。岩と土の神と岩と砂の神、戸の神、屋根の神、家屋の神、防風の神によって**地上で生活するための基礎を形成したのだ。**そうした神生みの一区切りに、海の神、川の神が生まれ、頑強な大地と、

イザナギとイザナミによる国生みの場面（小林永濯「天瓊を以て滄海を探るの図」）

海と川の潤いが生まれた。

イザナギとイザナミの神生みはそれからも続いたが、**イザナミが火の神を生み落とす際に、その火で女性器を焼かれてしまう**。この火傷が原因でイザナミは死亡してしまった。悲劇的な結末を迎えたが、このとき誕生した神は30柱以上にも及んだ。

その後、イザナギは黄泉《よみ》の国へイザナミを迎えに行くが、黄泉の国の食物を食べたイザナミは、その誘いを拒絶。イザナギはイザナミを説得して帰る約束を結ぶものの、一つミスを犯した。準備があるから待っていてほしいと御殿にイザナミが入ると、待ちきれなくなったイザナギが、御殿の扉を開けてしまったのだ。そこでイザナギが目にしたのは、腐乱してウジのわく変わり果てたイザナミの姿と、遺骸にまとわりつく雷神たちだった。

その姿を恐れたイザナギは、葦原中国まで一目散に逃げ帰り、禊のために川で体を清めた。するとまたもや神々が生まれた。そして、最後に顔を洗ったとき左目から生まれたのが天照大神、右目から生まれたのがツクヨミ、鼻から生まれたのがスサノオだったのである。イザナギはこの三柱を**「三貴子《さんきし》」**と呼んで尊び、天照大神には天界、ツクヨミには夜、スサノオには海原を治めるよう命じた。これが「神生み神話」である。

南方系と北方系が合流した日本神話

これらの話は、日本本土と最高神たちの誕生を描いた神話として有名だが、実は**『記紀』に記された神話は、世界中の神話と類似する点が多い**。

たとえば、「国生み・神生み」神話は、オセアニアやポリネシア、東南アジアといった南方地域の神話に類似している。イザナギとイザナミが矛で海をかき混ぜて島を作ったというくだりはインドシナ半島の神話にも見られ、イザナミが女陰を焼かれて死んだという神話は、ポリネシアにも似た話が残されている。

また、北東アジアや中央アジアには「天孫降臨《てんそんこうりん》」に似た神話が多く、ギリシャ神話には「岩戸神話」と類似があるなど、南方地域以外にも類似の神話は多いのだ。

とはいえ、南方や北方アジア、古代ギリシャの神話が直接日本へ伝わったとは考え難い。渡来人の力添えがあった可能性もあるが、**神話が人間の普遍性を示していると考えることもできる**だろう。異なる地域や民族であっても、類似する自然現象に直面するとどうなるのだろうか。もしかすると、語り継がれる神話にも、類似性が生まれるのかもしれない。

25・なぜ天照大神が神道のトップなのか？

全知全能ではない神道の最高神

神道において最高神とされるのが、**「天照大神《あまてらすおおみかみ》」**である。太陽神であることから、「天に輝く偉大なる神」を意味するともいわれている。**神々のトップであると同時に、天皇家の皇祖神にも位置づけられていることから、現代でも神道では特別な神として崇められている。**

しかし、最高神といっても、他国の神話や宗教の最高神とは、性格がかなり異なる。たとえば、キリスト教において、神は宇宙を創世した全知全能の存在だが、天照大神はそのような力を持っていない。そもそも、天照大神は世界に初めて現れた神ではない。イザナギから生まれた神であり、天上の支配者になったものの、父神の命令で最高神になったに過ぎないとも言える。それに、他の神々を一瞬でねじ伏せるような絶対的な力はもっていない。最高神には珍しく、女性神であることも関係しているのだろう。

それでも、天照大神は八百万の神々のリーダーではあるものの、**キリスト教の神のような創造神ではないし、全知全能の存在でもない**のである。

岩戸神話を描いた錦絵

弟の乱暴狼藉を原因とする引きこもり

しかし、天照大神が尊ばれたのは、**太陽神という性格ゆえ**である。農耕民族である日本人にとって、太陽は恵みをもたらす尊い存在だったからだ。

その価値観が表れているのが、**岩戸神話**である。ここで重要なのは、太陽神である天照大神が隠れたことで光が遮られ、悪神がはびこったということである。太陽光は、作物を育てる源だ。逆に、照り続ければ稲や水を枯らし、人々の命を奪う。だからこそ、太陽の消失は古代の人々にとって一大事だったのである。

なお、岩戸神話から天照大神を軟弱な神だと思われることもあるが、高天原に来たスサノオを武装して出迎えるなど、神話中では随所で勇猛さを兼ね備えた存在としても描かれている。

特に有名なのは、ニニギを地上に遣わす天孫降臨神話だろう。地上に降りようとする孫のニニギに「瑞穂の国はわが子孫が王たる国である」と神勅を与えたと『日本書紀』は記している。この神勅によって天照大神はニニギに地上の統治権を与えたのだと解釈されている。

皇祖神ではなく女神でもなかったとする説

前述したように、古代のヤマト政権は、天皇家を天照大神の子孫とすることで全国支配の根拠を作った。しかし、最近の研究では、**皇祖神はもとは別の神だったという驚きの説もある**。

その候補とされるのが、農耕の神**「タカミムスヒ」**である。日本神話の初期に登場する神で、『日本書紀』ではタカミムスヒのことを「皇祖」と呼ぶ場面がある。しかも、タカミムスヒの娘は天照大神の息子と結婚し、ニニギを生んでいる。前述したように、このニニギこそ、地上を統治するために天から降りてきた神である。タカミムスヒと天皇家との関係性は、決して浅くないのだ。

そして、現在でこそ天照大神は女神として知られているが、**皇祖神となる以前は男神だった**ともいわれている。根拠として、『記紀』に女神と断定する描写がないこと、世界の太陽神が総じて男神であることが挙げられている。

それどころか、天照大神は、『日本書紀』の序盤で太陽神の巫女を意味する「オオヒルメノムチ」を名乗っている。このことから、**天照大神は元は太陽神に仕える巫女で、本物の太陽神は男神だった、という意見もある**ぐらいだ。

神道において、巫女は特別な存在である。神から託宣を受け、その声を人々に伝える霊能力者である巫女は、祭祀において絶大な影響力を誇った。

当然、太陽神にも巫女が仕え、各種の儀式を執り行っていると考えられていた。この巫女に対する神格化が進んで太陽神が同一視されていった結果、女神である天照大神が生まれた、というわけだ。

なお、天照大神が天皇の皇祖神に加えられたことでタカミムスヒが忘れ去られていった、という仮説もある。

もちろん、これらの仮説は憶測の域をでないが、邪馬台国の卑弥呼ように、女性シャーマンが重要な地位に就く時代もあった。そうした時代の価値観が、天照大神の性別にも影響を与えたと考えてもおかしくはない。

26・出雲に神々が集まるのはなぜ？

八百万の神が開く出雲での会議

作家の小泉八雲《こいずみやくも》や民俗学者の折口信夫《おりくちしのぶ》、さらには漫画家の水木しげるにいたるまで、出雲には人々をひきつける何かがある。日本神話においても、出雲神話は国津神の物語であるにもかかわらず、特に記述が割かれている。天照大神に天を追われたスサノオが宮殿を構えた土地でもあり、また、**大国主**が、国津神とともに国造りをしたことで知られている土地だ。

その象徴が**出雲大社**である。『記紀』によると、出雲大社は国譲りに応じる見返りに、大国主が天照大神に造らせた神社だという。現在でも、日本全国から観光客が押し寄せ、縁結びや福を呼ぶパワースポットとして人気を集めている。特に、**一年に一度、日本中**

の神々が出雲大社に集まるという伝承は有名だ。
神々は旧暦10月10日（現在の11月末）に出雲大社へ集まるといわれている。そのため、この時期になると出雲大社や周辺の神社では、全国からの神々を出迎えるための祭祀が行われる。神々が到着するという稲佐《いなさ》の浜で神職が祝詞を唱え、大国主の使いである龍《りゅう》蛇《じゃ》神を先頭に、神々を宿した神籬《ひもろぎ》を掲げた神職の行列が出雲大社へと進むのだ。こうした「神迎神事《かみむかえしんじ》」で出迎えられた八百万の神々は、19の社を宿としながら1週間、出雲に滞在するという。

出雲で行われる神迎祭の一場面

気になるのは、神々の目的である。この1週間で神々は神議（会議）を行い、大国主の御前では人々の安寧や日本の平和について話し合う。というと真面目な印象を受けるが、**主な議題は人々の縁結びについて**なのである。そのため、滞在中の7日間では神々を歓迎する「神在祭《かみありさい》」の他にも、参拝者の良縁を願う「縁結大祭」が行われるのだ。
そうして予定の1週間が過ぎると、「神等去出祭《からさでさい》」が開かれる。神籬を拝殿に移動させて神々が元いた土地に帰っていくのを見送るのだ。

なお、この月は、日本全国から神が集まり土地を空けることになる。ここから、出雲では11月を「神在月」と呼び、逆に出雲以外では旧暦10月を「神無月」と呼ぶようになったと考えられてきた。しかし、現在では異論もある。神無月は「神な月」であり、助詞の「な」は古語では「の」と同じ意味で使われる。つまり、**「神の月」**という意味になる。そのため、**神在月と同じく「神のいる月」という意味だと考えたほうがいい**ようだ。

幽冥界のトップとなった大国主

それではなぜ、出雲大社に全国から神々が集うようになったのだろう？　国譲り後、地上は天津神に統治されているのに、なぜ最高神がいる伊勢神宮に集まらないのだろうか？

国譲りを受諾する際、大国主は宮殿建設を要求すると同時に、自身は引退して**幽冥界《ゆうめいかい》へ移ることを告げた**。では、幽冥界とは何か。死後の世界と解釈されることも多いが、人が認識できない神の世界とする見方もある。そうした世界で、**縁故や運命などの人智では図れない「神事（幽事）」を治めることが、大国主の新たな役割**となった。

つまり、神々が縁結びなどの神事を議論するには、幽冥界の主である大国主の御前が最もふさわしいことになる。そのため、全国の神々は大国主が鎮座する出雲大社に集合するようになったと考えられているのだ。

10月に行われる根拠である陰陽説

その他に、神々が旧暦10月に集うのは、陰陽説の影響だという意見がある。日本の中心から見ると、出雲は北西の方角にある。これは「天門《てんもん》」といって忌むべき方角とされている。

また旧暦10月は一年で最も陰の気が強いとされる時期であり、天門の出雲には最も陰の気が集まりやすくなる。これに対して、神は陽の気を持っているので、**旧暦10月に神々が出雲に集結すれば、陰を陽に変換することができる**、というわけだ。

出雲には、神事を担当する大国主がいる。また、旧暦10月に神々が集えば、出雲に集まる陰気を陽気に変えることもできる。そう考えると、人間想いの神々ばかりでありがたい限りである。

27・スサノオは疫病神になった？

高天原から追放された乱暴者

スサノオといえば、日本神話になじみがなくても知っている人が多い、非常に有名な神である。ただ、その行動はトラブルメーカーのそれであり、まわりにいたら迷惑この上ない存在ではあるのだが。

もともとスサノオは、父イザナギから海原の支配を任されていた。だが、亡くなった母イザナミを恋しく思って泣きじゃくり、その声で海を干上がらせると、父の逆鱗に触れて海から追放されてしまう。

その後、スサノオは母に会うため黄泉の国を目指すが、途中で姉の天照大神が治める高天原に立ち寄った。そして、そこでも田畑を破壊し、宮殿へ糞尿を撒き散らすなどの乱暴を繰り返して天照大神を激怒させてしまう。その後、岩戸に篭った天照大神を、他の神々は必死の想いで引き出したが、原因であるスサノオには、厳しい罰が待っていた。両手両足の爪と髪を切られ、地上へと追い落とされたのである。

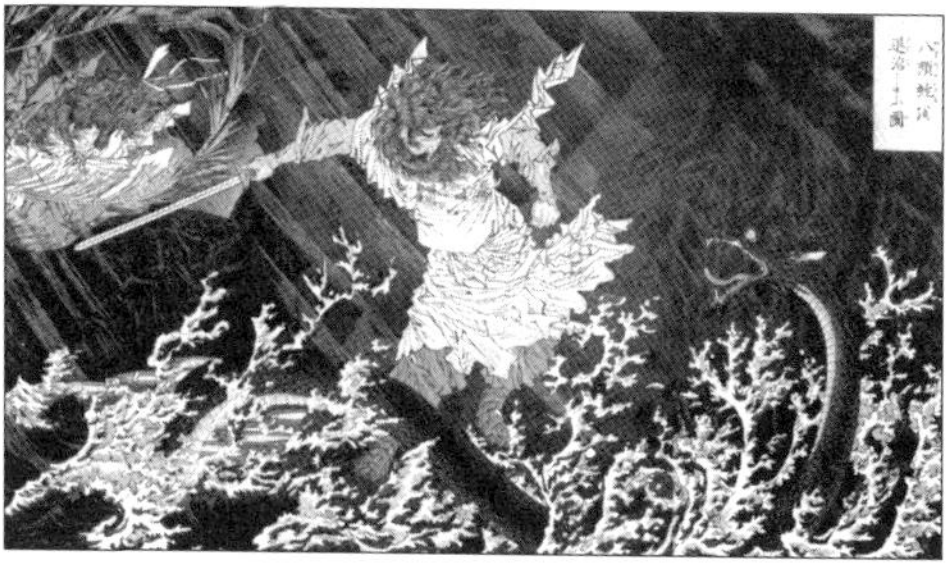
ヤマタノオロチを退治するスサノオ（国史画帖『大和櫻』）

しかし追放後、スサノオは改心したのか、**地上で英雄的な活躍を見せる**。地上の民を困らせる怪物ヤマタノオロチを酒で酔わせてから倒し、クシナダヒメと結婚して出雲に宮殿を建立。そして**その子孫にあたるのが、国造りの立役者である大国主**だった。

疫病の守り神とする八坂神社

このような、英雄的活躍と波乱万丈な半生から、スサノオは神々の中でも特に人気が高い。だが実は、平安時代においては、英雄としてではなく、**疫神として祀っていた神社もあった**。それが京都東山区にある八《や》坂《さか》神社である。

平安時代中期、京の都で疫病が流行すると、人々はこれを「疫神」の仕業だとして畏れ、神事によって祟りを鎮めようとした。その神事の舞台となったのが、祇園信仰を実践する祇園天神堂、現在の八坂神社である。

といっても、スサノオが災いをもたらしたと考えられたわけではない。現在の感覚でいえば、疫神というと人々を病で苦しめる悪い神だと思ってしまうが、祇園信仰においてはその逆。**スサノオは人々を疫病から守ってくれる神だとされた**のである。

八坂神社のような理由で、スサノオを疫病の守り神として崇める神社は少なくない。たとえば、素盞嗚《スサノオ》神社がある広島市東部の伝承を集めた『備後国風土記《びんごのくにふどき》』にも、スサノオを名乗る疫神が、自身をもてなした蘇民将来を疫病から守ったという逸話が残されている。

実は、**神道において、悪神を崇めてご利益を得ようとする考え方は、珍しくない。**貧乏神などを祀る神社があるのも同じような理由なのである。

神仏混淆で牛頭天王と一体化

では、スサノオが疫神になったのはなぜだろう？　それには**牛頭天王《ごずてんのう》**が関わっている。

牛頭天王は、薬師如来《やくしにょらい》の化身とされ、明治以前は八坂神社の祭神だった。といっても、仏典には記されていない謎の多い神で、むしろ陰陽道の影響が強かった。牛頭天皇を疫神とみなしたのも、仏典ではなく陰陽道書である。その影響からか、遅くとも10世紀後半には、疫神として八坂神社で信仰されていたようだ。

本来、牛頭天王はスサノオと何の関係もない神だが、神仏混淆が進んだ平安時代以降になると、神道の神と仏教の仏を同一視する動きが高まった。その結果、スサノオと牛頭天王は一つの神として扱われるようになったというわけである。

このような疫病を鎮める祭祀は、現在もかたちを変えて行われている。

疫病が流行した平安時代中期、荒ぶる御霊を鎮めるために、平安の人々は当時の国数と同じ66本の鉾を立てて厄病よけの祭礼をはじめた。そうしてはじまった祭礼が、日本三大祭りの一つ**祇園祭**である。

7月になると、祭りに奉仕するものは「蘇民将来子孫也《そみんしょうらいのしそんなり》」という護符を身につける。山鉾や神社の会所で販売される「ちまき」にも同じ文言が記され、京都の町家ではお守りとして軒先に飾っているところが多いという。疫神でさえももてなすことも、神道の特徴なのである。

28・御柱祭は古来の信仰の名残？

7年に一度行われる巨木の運搬神事

長野県諏訪《すわ》市の**諏訪大社**は、諏訪湖の南北にある四つの社で構成された神社だ。『古事記』によると、神社の起こりは国譲りに反対したタケミナカタがタケミカヅチに相撲を挑んで負けてしまい、諏訪の地に流れ着いたこととされている。ただ、地底から蛇となって帰還した甲賀三郎という勇者が神化したことを始まりとする説もあるので、祭神の由来についても不明な点が多い。

そんな諏訪大社で7年に一度、寅年と申年に開かれるのが、**「御柱祭《おんばしらさい》」**だ。その名のとおり、柱状の巨大な木＝御柱を神社まで曳行する神事を指す。御柱となる木の長さは17メートル前後、重さは10トンを超える。そんな巨木を、なんと人力だけで境内へと運び込むのである。

もちろん、そこまで巨大な木を用意するのは簡単なことではない。そのため、きちんと祭りを進められるよう、準備は3年前から始められる。まずは下社の御柱となる八本を仮決定し、翌年に正式決定してから、祭りの前年に伐採するのである。なお、上社の準備は下社より1年遅れて進められ、祭りの当年に御柱の木を伐採する。

御柱祭のメインイベントの一つ木落とし

死傷者が出ることもある「木落とし」と「建御柱」

さて、祭りの年を迎えたら、四月に「山出し」が始まる。上社の御柱が置場から御柱屋敷へ曳行《えいこう》され、その四日遅れで、下社の御柱が指定の安置場へと運ばれていく。そして、曳行の最中に、急斜面から80メートル以上も下る**「木落とし」**と、幅40メートル以上の宮川を渡る**「川越し」**は、祭り前半の最大の見せ場である。

そうして一カ月ほど安置された巨木は、5月の「里曳き」でそれぞれの境内まで運ばれる。最後に祭りの見せ場として行われるのが、社殿を囲むように人を乗せたまま御柱を立てる**「建御柱《たておんばしら》」**だ。この一カ月後、上社において建て替え済みの宝殿へ宝物を移す遷座祭《せんざさい》をして、一連の行事は終わりとなる。なお、下社の遷座祭は里曳きの前日である。

巨木を坂から落としたり、人を乗せて立てたりする激しさから、死傷者が出ることも珍しくないが、祭礼の時期にはその勇猛さを見ようと全国から平均20万人の観光客が諏訪市を訪れる。さらに、諏訪神社の御柱祭と前後して、長野県の諏訪信仰系の神社でも同様の祭りが実施される。

「柱」を神聖視する神社建築

その熱量はかなりのものだが、こうした神事が行われるようになったのはなぜなのだろう？　その起源は諸説あるが、**式年遷宮用の材木を運んでいたことに由来するという仮説が有力**である。

諏訪大社の由来を記した「諏訪大明神画詞《すわだいみょうじんえことば》」には、780年ごろの初春に、数十本の御柱を神社へ運んだと記録されている。作業を国司が監督したということから、重要な行事であることが窺える。伐採した巨木を境内へ引いていくのは、伊勢神宮の式年遷宮でも見られる特徴だ。

現代でも、御柱祭の正式名称は「式年造営御柱大祭」である。宝殿の建て替えを重視しているのは、式年遷宮の名残ではないかと考えられる。かつては宝殿だけでなく、鳥居や舞台、大廊など神社のほとんどを建て替えていたのではないかと指摘されているのだ。しかし情勢不安と資金難で儀式は簡略化されていった。そして、巨木を運搬する行事だけが残った、というのが最も有力な説である。

では、柱の運搬だけが続いたのはなぜなのだろうか？

その答えとして、**柱や木が、神が宿る重要な依代だから**という説がある。神道では、山や森に神が住むとされてきた。下鴨神社の「糺《ただす》の森」のように、うっそうとした森に囲まれた神社は少なくない。森の中でも大木は、梢が天に近いため神聖視されてきた。樹齢数百年といわれる御神木を祀る神社が多いのも、そんな理由による。

そうした価値観は、社殿内部においても見出された。木に一番近い構造物といえば、柱である。柱は、木のように地面から天に向かって伸び、さらには建物全体を支える。そんな重要な構造物だからこそ、国生み神話においても、イザナギとイザナミが神殿に立てた柱を回ってから逢瀬を果たした、と記されているのだろう。

そしてここから、神を数えるときの単位に「柱」が使われるようになったと考えられている。自然を敬い共存しようとしてきた日本人らしい価値観だといっていいだろう。

29・天孫降臨神話ができた背景とは？

国譲りの成功に伴う天津神の降臨

日本神話によると、かつての地上はスサノオ直系の神々が統治していたという。しかし繁栄した日本列島を見た天の神々は、地上の神々から統治権を得るべく、高天原から新たな統治者を降臨させた。そうした神の降臨を描いたエピソードが、**「天孫降臨」**だ。

「天の孫が降臨する」と書くように、この神話は天照大神の子孫が地上に降りてくる様子を描いている。事の始まりはスサノオの追放にある。高天原から追放されたスサノオは、地上でヤマタノオロチを倒して出雲の王となった。その子孫大国主が出雲を引き継ぐと、人々に技術や知識を伝える「国造り」で地上に平和をもたらした。国造り後の地上は、人も神も分け隔てのない平等な世界になったと『古事記』は伝えている。

だが、これに異を唱えたのが天照大神と高天原の神々である。天からすると地上は秩序なき無法地帯にしか見えなかったため、天照大神は神々を派遣し、大国主に国の支配権を譲らせたのだった。

こうして「国譲り」を成功させた天照大神は、地上に天津神を降臨させる準備をはじめた。当初は息子のアメノオシホミミに地上統治を任せるつもりだったが、ここで予期せぬ問題が起きた。アメノオシホミミが、子どもの誕生を理由に地上行きを断ったのである。その代わりとして、生まれたその子を地上に降ろすことを提案。天照大神はこの案を飲んで、自身の孫**ニニギ**を地上に降ろすことを決めたのである。

現在も天皇家に受け継がれる三種の神器

天照大神の命に従ったニニギは、国津神のサルタヒコの案内で地上に降臨した。このときニニギが携えていたのが、天皇家に受け継がれていると伝わる「八咫鏡《やたのかがみ》」「八尺瓊勾玉《やさかにのまがたま》」「草薙剣《くさなぎのつるぎ》」である。

高千穂峰の山頂にある天逆鉾（あまのさかほこ）。ニニギが降臨した際に突き立てたという伝説が残っている（© Yanajin）

いわゆる「三種の神器」は、このときにニニギによって天から地上へもたらされた。現在の皇室行事においても、三種の神器はなくてはならないものとなっている。天皇の正当性を表すものとして、非常に尊ばれてきたからだ。

なお、この三種の神器と類似の神話が、朝鮮半島にも残っている。天上の神・檀君《だんくん》が三つの宝を持って地上に降臨するという「檀君神話」だ。13世紀の末ごろに文字化された神話なので、直接関係があるかどうかはわかっていないが、どちらかが影響を与えた可能性は、おおいにあるだろう。

天照大神と天皇をつなぐために必要だった天孫降臨神話

『記紀』によると、ニニギが降臨した場所は、筑紫日向の**「高千穂《たかちほ》の峰」**だという。現在の宮崎県高千穂町や鹿児島県との境にある高千穂峰がその場所（またはモデルになった場所）だといわれている。

高千穂の峰に降りたニニギは、そこに屋敷を構えた。そしてニニギはコノハナサクヤヒメと結婚し、三柱の子を授かる。その子孫イワレビコが、のちに大和の地に政権を設ける神武天皇である。

なお、このニニギの結婚に際して、神の寿命に関するエピソードが挿入されている。

ニニギがコノハナサクヤヒメの父神に彼女と結婚したいと言ったときのことである。喜んだ父神はもう一人の娘イワナガヒメも娶るよう、ニニギに勧めた。しかし、イワナガヒメの醜い顔を見たニニギはその提案を拒否。父神を怒らせてしまう。いわく、イワナガヒメと結婚すれば、岩のように長い寿命を保つことができたのに、ニニギは花のように散っていくコノハナサクヤヒメだけを娶った。そのため、ニニギの子孫の寿命は短くなったというのだ。神の子孫に寿命がある理由は、このエピソードで説明されたわけだ。

さて、**天孫降臨神話が作られた背景には、『記紀』編纂時の政治情勢が関係しているといわれている**。大国主が国津神の協力で国造りを成功させたエピソードには、渡来人から文化や技術を学んだことが表れているといい、国譲りはヤマト政権が出雲王朝を下した過程を正当化する目的があったとされる。

なお、日本神話には随所に大陸の影響が見て取れるが、天孫降臨神話に関しては、**日本独自の考えがみえる**。中国の場合、皇帝は天から選ばれ、天に見放されれば皇位は別に移ると考えられていた。これを天命というが、日本の場合は神の子孫であることをもって皇位の正当性を主張したのである。大陸の価値観だけでなく、白国にあった考え方も、当時から取り入れられていたようだ。

30・なぜ八幡宮は日本一多いのか？

『古事記』や『日本書紀』には登場しない八幡神

日本で一番数が多い神社はどこか、ご存じだろうか？　「お稲荷さん」の愛称で慕われる稲荷神社や、天照大神を祀る天祖《てんそ》神社や神明《しんめい》神社を思い浮かべた人もいるだろう。しかし、日本で一番多い神社は、お稲荷さんや天神様ではない。**八幡神《はちまんしん》を祀る八幡宮が、日本一多い**のである。

神社本庁が1990〜1995年に実施した全国神社祭祀祭礼総合調査によると、当時包括下にあった7万9355社のうち、**八幡信仰に関する神社は7817社**だった。この数は、2位の伊勢信仰系を1.5倍以上も上回っている。**小さな社やお堂に祀られているものも含めれば、2万社は下らない**だろう。

しかし、日本一多い割には、どんな性格の神様なのか、いまいちわからないところが多い。いったい、八幡神とはどのような神なのだろうか？

「八幡神」という名前は、依代を表す旗である「幡」と、神道で無数を示す数字の「八」を合わせたものである。その総本社は、大分県の**宇佐《うさ》神宮**だ。さぞかし由緒のある神様なのだろう、と思いきや、この八幡神は、**日本の神話とは何の関係もない**のだという。

八幡宮の総本社・宇佐神宮

その名が初めて登場するのは、７９７年に完成した『続日本記』においてである。７３７年に、新羅《しらぎ》との関係悪化を神に報告するため、伊勢神宮などの他、宇佐神宮にも幣帛《へいはく》を奉ったとされる。『記紀《きき》』に記録はないものの、すでに8世紀の時点で、朝廷から報告を直接受けるほどに重要視されていたのである。

天皇家が由来ではないとする説

現在、八幡神は応神《おうじん》天皇や神功皇后の神霊であるとされている。それは応神天皇崩御後の５７１年、宇佐の馬城嶺《まきのみね》へ現れた神が「誉田天皇《ほんだのすめらみこと》広幡《ひろはたの》八幡麿《やはたまろ》」を名乗ったことに由来する。誉田天皇とは、応神天皇の別名のこと。つまり、**天照大神に次いで天皇家の皇祖神になったことで、八幡神は朝廷での知名度を上げていく**のである。

とはいえ、もとは外国の神だったのでは、という指摘もある。『八幡《はちまん》宇《う》佐《さ》宮《ぐう》御《ご》託宣《たくせん》集《しゅう》』によると、八幡神は「辛国」から日本にやってきたという。辛国は、朝鮮半島を指すと考えられる。当時、九州には多くの渡来人が移り住んでいた。そのため、彼らの信仰する神が定着して八幡神として祀られたとしてもおかしくはない。

他にも、地元豪族の宇佐氏が信仰した神が起源だという説もあり、研究者の意見は分かれているが、少なくとも、**九州から中央に進出した神**であることは間違いはない。

全国に広まる理由となった神仏混淆と武家政権

八幡神が近畿に登場したころには、すでにさまざまな神が信仰されていた。そんななかで勢力を拡大することができたのはなぜか？　それは、**古代において仏教といち早く融合し、その後は武家からの支持を得て勢力を拡大していった**からである。

神仏習合の風習が広がったのは、八幡神が大きく影響している。八幡神は、神道の神であると同時に仏教の菩薩を名乗っており、それを朝廷にも認めさせているのだ。働きかけたのは宇佐八幡宮の神官たちだが、八幡神の出家を機に、日本の神々が菩薩として出家するパターンが定型化していく。

そして、八幡神は都の南西に勧請《かんじょう》（神の分身を迎え入れること）されて、京の守護神になる。これが、石清水《いわしみず》八幡宮である。また、東大寺の大仏建造に資金を援助し、かの地の守護神としても祀られて信仰を拡大した。

その後に、**源氏一族が八幡神を氏神としたこと**も、八幡神信仰の普及に一役買った。京都の石清水八幡宮で元服した源義家《よしいえ》は八幡太郎を自称したし、合戦に勝利した源頼義は八幡宮を河内（大阪府）に建て、東国進出の必勝祈願として、鎌倉の由井郷《ゆいごう》鶴岡《つるがおか》に鶴岡若宮を建立した。この鶴岡若宮が、のちに源頼朝によって鎌倉市雪ノ下に移転され、源氏の守護神となった**鶴岡八幡宮**である。

源氏滅亡後も、室町幕府の足利家や江戸幕府の徳川家は源氏に倣って八幡神を氏神としたため、武家は当たり前のように八幡神を信仰するようになった。全国の武士は八幡神を**弓矢と戦の神**として崇め、八幡系の神社を創建していったという。神仏習合を促進した八幡神は、その勢力を武家にまで広げることで、幅広い支持を得ることに成功したのである。

31・江戸に稲荷神社が多かったのはなぜ？

農業の神を祀った稲荷社

稲荷神社は、狐の像と朱色の鳥居で知られている。「お稲荷さん」の愛称で親しんでいる人もいるだろう。この稲荷神社の総本宮が、京都の**伏見稲荷大社**である。

伏見稲荷大社は711年、山城国の豪族・秦氏《はたし》によって創建された。山城は水はけが悪く、湿地が多い土地だったが、渡来人である秦氏は優れた土木技術を持っていたため、山城盆地を水田に開墾することができた。

しかし、機械のなかった当時、水田を開墾するまでには相当な苦労を重ねたことだろう。そうした苦労の甲斐あって、秦氏は山城に確固たる地盤を築いた。その感謝のために**一族の氏神として穀物神を祀ったことが、稲荷社の始まり**だとされている。

なお、名前の由来は、『山城国風土記』に記されている。秦伊呂具《はたのいろぐ》が祭事で餅を弓の的にしたところ、餅が白い鳥となって飛び立った。その鳥が止まった山の峰に「稲が生った」ことから、「イナリ」の名が社に付けられたという。

その後、秦氏が勢力を拡大する過程で、稲荷神は記紀神話に登場する**宇迦之御魂神**《うかのみたまのかみ》と結びつけられるようになった。神名の「宇迦」は「食《うけ》」と同じ意で、稲荷伸と同じく稲の神として崇められていた神だ。そして農村地帯を中心に、稲荷信仰は広まっていったのである。

秦氏が創建した伏見稲荷大社

なお、狐が稲荷社の神使となったのも、農耕と関係があるという。食物の神を意味する御饌津神《みけつのかみ》の「みけつ」が御狐《みきつね》に転じたとも、狐の尻尾の色形が黄金色に実った稲穂に似ているためともいわれているのだ。

また、**稲荷神が特別な力を持つと考えられるようになったのは、真言宗をもたらした空海の影響ではないかといわれている。**稲荷伸は、空海によって東寺の鎮守神として祀られ、真言密教に現れるインドの神・荼《だ》枳尼天《きにてん》と習合した。荼枳尼天は人の死を予知するなど強い神通力を持つとされ、祈りを捧げればあらゆる願いが叶うと考えられていた。これにより、稲荷社は武運長久や商売繁盛などの神としても信仰されるようになり、信仰層を広げていくのである。

人口増加に伴う防火祈願

やがて徳川の世になると、**稲荷社は江戸の町で爆発的な流行を生む**ことになった。地方の武士や有力商人が江戸に在住すると、多くが稲荷神を屋敷の神として祀るようになったのだ。米を経済の主体とする石高制の社会において、五穀豊穣をもたらす稲荷神は親しみやすかったのだろう。

だが、稲荷社が熱心に信奉された背景には、江戸の町特有の事情もあった。「火事とケンカは江戸の華」といわれるように、人口増加に伴う過密な住宅事情から江戸では火災が頻発していた。そこで人々は、**稲荷神に防火の効験も求めた**のである。

稲荷神が火防の神として有名な秋葉《あきは》神と習合したためとする説もあるが、神使である狐の存在感が影響したともいわれている。古来、狐には火を制御する能力があるとされていた。12世紀に成立した『鳥獣人物戯画』にも、狐の尾が火を発している絵が描かれている。また藤原頼長が記した『台記』などの書物からも、狐が火災を予兆したという記述を見ることができる。こうした狐に対する価値観が、稲荷の火除け信仰に繋がることになったと考えられるのである。

名物の鳥居は江戸の庶民が奉納

さらに**狐には、麻疹や疱瘡など皮膚疾患の予防・治癒にも霊験があるとされた。**1596年に刊行された中国の薬学書『本草綱目《ほんぞうこうもく》』において、「狐の肉を食すと皮膚疾患に効果がある」と記されたことが原因とする見方がある。江戸時代初期の医学書『宜《ぎ》禁本草《きんほんぞう》』にも同様の治療法が見えるため、当時の知識人がこれらの記述を目にすることもあっただろう。

やがてこれらの霊験が評判を呼ぶと、神社や祠の前には参拝者が列をなすようになる。やがて江戸に多いものの喩えとして「伊勢屋、稲荷に犬の糞」といわれるほど、稲荷社は町の隅々に進出するようになったのである。

ちなみに、伏見稲荷大社には数万に及ぶ大小の鳥居が奉納されているが、これも江戸の人々が願掛けが叶った御礼として、鳥居を献納したことが始まりといわれている。

32・関西で多く祀られる神功皇后とは？

女傑と聖母の顔を持つ皇后

歴代天皇が崩御後、神として祀られることは多々あるが、妻である皇后が祭神となった珍しいケースがある。それが、**神功皇后**《じんぐうこうごう》である。

神功皇后は、14代仲哀《ちゅうあい》天皇の妻として日本神話に登場する。

天皇の即位後、九州の熊襲《くまそ》が再度反乱を起こしたため、神功皇后は夫とともに討伐に赴いた。そして儺県《なのあがた》（現福岡県）の香椎宮《かしいぐう》に陣を敷くと、住吉三神を名乗る神から神託が下った。それは「不毛の地である熊襲よりも、金銀財宝に満ちた西方の新羅《しらぎ》国を攻めよ」という内容であった。ところが仲哀天皇は、「西方は海ばかりで国土など見えない」として神託を無視してしまう。その結果、天皇は熊襲討伐に失敗し、志半ばに死を遂げることになった。

神功皇后は急死した夫に代わって神託に従い、新羅討伐のための船団を組織した。その際、福岡の大三輪社に刀と矛を奉ったところ、たちまち兵士が集結したという。

神功皇后による三韓征伐を描いた錦絵（「大日本史略図会」）

やがて朝鮮半島に上陸すると、彼女の威に打たれた新羅の王は戦わずして降伏、さらに百済《くだら》や高句麗《こうくり》までが服従を誓ったとされている。これが**「三韓征伐」**の伝承である。

まさに女傑という言葉が相応しいが、一方では**聖母としての顔も持っていた**。それを窺えるのが「鎮懐石《ちんかいせき》伝承」だ。

遠征中に懐妊したことを知った皇后は、鎮懐石と呼ばれる小石を腰につけ、出産を遅らせる呪術を行った。そして、通常より遥かに長い15カ月の妊娠期間を経て、15代応神天皇の出産にいたったという。これは神の力の表れであると考えられ、聖母であることを示す逸話とされている。

関西圏に多い神功皇后由来の神社

この神功皇后を祀っているのが、関西圏を中心に2000社以上存在する**住吉神社**だ。総本宮は大阪市にある住吉大社である。室町時代に編纂された『帝王編年記』によると、神功皇后が新羅討伐の成功を感謝し、住吉三神を祀ったことがはじまりだという。

皇后に神託を告げた住吉神は、皇后の遠征の際にも荒波を鎮めるなどの加護を与えたと伝わっている。こうした伝承から、**航海の安全を守る海の神**として信仰されるようになっていく。海辺に鎮座した社が多いのは、そのためである。住吉大社の周辺地域も、古代は海に面した天然の良港であった。

そして皇后と一緒に祀られている住吉三神も、海に由来すると考えられている。三柱とも「ツツノオ」という名がつくが、この由来は「津々之男」、つまり津（港）を守る神という意味があるといわれる。

さらに関西には西宮市の廣田神社、神戸市の長田《ながた》神社、生田《いくた》神社、京都の藤森《ふじのもり》神社、和歌山市の淡島《あわしま》神社のように、神功皇后と三韓征伐にまつわる由来を持つ神社は多い。

神功皇后は実在しなかった？

やがて住吉信仰の広まりとともに、神功皇后も各地で崇拝されるようになる。鎌倉時代には仏教と習合して聖母大菩薩と称されるようにもなった。

ただ現在では、**神功皇后は斉明天皇や持統天皇などの女帝をモデルにした、架空の人物であったと考えるのが一般的**だ。

ただし、三韓征伐神話に関しては、全く荒唐無稽な話でもないとする指摘がある。古来、朝鮮半島と日本の間では人や物が絶えず往来していた。当然、紛争が起こることもあっただろう。三韓征伐神話にそんな両国の衝突が反映されている可能性もないとはいえない。なかには、663年に日本が朝鮮半島に軍事侵攻して敗れた**「白村江の戦い」が三韓征伐のモチーフになったという意見もある**。

その勇ましさから、明治時代以前までは天皇とみなされることもあった神功皇后。明治から太平洋戦争後までは、軍国主義の精神を支えるために武神の姿が強調されていたが、今日では**安産や子育てを司る聖母神**として信仰を集めている。彼女が身につけたといわれる鎮懐石が、京都府の月読神社や福岡県の鎮懐石八幡宮などに奉納されたと伝わるなど、100年前とかたちは違うものの、その信仰は続いているのである。

佐賀県にある吉野ケ里遺跡。弥生時代の集落跡としては国内最大級。祭祀場の跡など、自然信仰に関係する遺跡も見つかっている。

第四章

知られざる神道と日本の歴史

33・神道のルーツは卑弥呼にある？

日本最古の巫女とされる邪馬台国の女王

2〜3世紀ごろに日本列島に誕生したといわれる邪馬台国《やまたいこく》。その所在地を巡っては、畿内説、九州説、果ては琉球説やジャワ説など、現在でも論争が続いているが、史料の不足から多くが謎に包まれている。なかでも謎が多いのが、邪馬台国に君臨した女王・**卑弥呼**《ひみこ》である。

『魏志倭人伝』には、238年（239年説もあり）、卑弥呼が中国の魏に使者を派遣し、「親魏倭王《しんぎわおう》」の称号と金印を授けられたと記されている。

また、卑弥呼は国を代表して外交を行うだけでなく、**祭祀を執り行う巫女としての顔も持っていた**という。前書には、卑弥呼が「鬼道《きどう》を事とし、よく衆を惑わす」という記載が見える。

鬼道とは何か？　中国の儒教経典である『礼記』には「死せば必ず土に帰す。これを鬼と謂う」とある。また、5世紀ごろ中国で成立した『後漢書』では、鬼道を「鬼神の道」と表現し、鬼神が祖先や死者の霊であると示している。そのため**この鬼道こそ、神道の原初のかたちだったという説があるのだ。**

「卑弥呼」という呼称についても、人名ではなく「日巫女」という職掌ではないかという説もある。日本史上最古の巫女と位置付けられることがあるのも、こうした説に基づいているのだ。

卑弥呼の墳墓ではないかと指摘されている箸墓古墳。3世紀に築造されたと考えられる（© 国土画像情報（カラー空中写真）国土交通省）

東アジア一帯で行われていた鬼道

では、神道の原初のかたちとは、どのようなものだったのだろうか？　卑弥呼の場合、神を祀り霊魂と交流することで、その声を聞いていたという。いわゆる巫術、シャーマニズムである。

古代において、**神の声を聞き、正しく祀って**

神の怒りに触れないようにすることこそ政治だった。だからこそ、政治は「マツリゴト」と呼ばれていたのである。

『魏志倭人伝』によればこうした卑弥呼のマツリゴトを、弟が補助していたのだという。そのため、卑弥呼に授けられた神託は弟に伝えられ、それに基づき、弟が政治の実務を行っていたと考えられている。

ただ、鬼道が神道の源流だったとしても、そのまま受け入れられたわけではないと考えられる。神道は「霊」よりも自然現象への畏敬に重きを置いている。そのため、中国でいわれる鬼道と神道は、まったく同じではないのだ。

また、鬼道は日本独自の儀礼というわけでもない。たとえば『魏書』の東夷伝では、高句麗に関して「大屋を立て、鬼神を祭る」という記述が見える。半島南部の馬韓でも、収穫などの際には同様の儀礼があったようだ。つまり、**死者や祖霊への祭祀は、東アジアに広がりを持つものだった**のである。

神道は卑弥呼が原型を作った？

卑弥呼とヤマト政権に関係があるかは不明だが、類似性はいくつかある。

卑弥呼が暮らした宮殿は、楼観と呼ばれる高台や柵に囲まれていて、多くの兵士が常に守衛していたという。遠くにそびえるその宮殿を、人々は仰ぎ見るほかなかった。世俗と一線を画した聖なる巫女だからこそ、宮殿も神聖視されたのだろう。神格化された卑弥呼の存在が、後に神道祭祀を担う天皇家の権威の在り方に影響を与えたと考えるのは、不自然ではない。**神道の原型が確立された時期と、邪馬台国の治世の時期は重なると考えられる**ためだ。

また、記紀神話には、卑弥呼との関係を思わせる記述もある。それが、**「倭《やまと》迹《と》迹《と》日《ひ》百《もも》襲《そ》媛《ひめ》」**に関するものである。

倭迹迹日百襲媛は、第7代孝霊《こうれい》天皇の皇女にあたる。一説には「百襲」には「何度も憑依する」という意味があるという。そのためか、霊力が強く神託を受けて災害を治めるなど、数々の巫術を行ったと記されている。卑弥呼となんらかの関係があってもおかしくない。

なお、卑弥呼の人物像を探ろうと墳墓から手がかりを見つけようとする研究者もいる。墳墓がどこにあるのか、正確なことはわかっていないが、奈良県桜井市にある**箸墓古墳《はしはかこふん》**はその候補の一つである。宮内庁の管理ということで外部の研究者が調査する機会は限られていたが、ここ数年で立ち入り調査が行われるようになり、研究が進展している。埋葬者の特徴がわかれば、邪馬台国の謎を解くカギが見つかるかもしれない。

34・神道を定着させた一族とは？

祭祀の中心にいた物部氏

6世紀ごろの日本では、天皇を頂点にして畿内の豪族が政務を担っていた。豪族は血縁を中心に結びついた「氏」と呼ばれる集団を形成し、政権において、様々な職務を分担していたようだ。

それらの豪族のうち、**神道において重要なのは、物部氏《もののべし》と中臣氏《なかとみし》**である。両氏は祭祀の整備に深く関わり、日本に神道を広める役割を担ったのだ。

その名が示すように、物部氏は元来、兵器や祭具など「物」の製造管理を管掌する氏族だったが、次第に勢力を増して軍事・警察権を掌握。朝廷の祭祀を担うまでに力をつける。そして日本各地に進出し、多くの部民を従えた。

その影響力の強さは、朝廷の記録の随所で窺うことができる。『日本書紀』によれば、第10代崇神《すじん》天皇の世で疫病が流行った際、神に捧げ物を差し出す対策が採られ、占いで責任者に物部伊香色雄《いがしこお》が選任された。伊香色雄が「八十平瓮《やそひらか》」と呼ばれる平皿を作って奉納した結果、国に平穏が戻ったという。

また次の垂仁《すいにん》朝では、物部十千根《とおちね》が出雲に派遣され、神宝を保管する任務に就いている。出雲の豪族から祭祀権を奪い、政治的に服従させる狙いがあったのだろう。

さらに『延喜式』にも、天皇の即位式において、物部氏が祭祀の中心を担っていたという記録も残っている。こうして祭祀の管理は、天皇から有力豪族へと移っていったのである。

中臣鎌足と中大兄皇子が蘇我入鹿を暗殺する場面（「多武峯縁起絵巻」談山神社所蔵）

神武天皇に抵抗した物部の祖神

祭祀の管理という重職を担ったことから、日本神話においても、物部氏は重要な地位を占めている。『日本書紀』では、物部氏の祖神ニギハヤヒが、神武天皇の東征以前に巨石に乗って大和に舞い降りたと記されている。つまり、ニギハヤヒもまた、天皇家と同じく天津神にルーツを持つ神として描かれたわけだ。

そのため、神武天皇が征伐にきた際、当初は抵抗したものの、互いに天津神の子であることを認め、神武天皇に敵対する勢力を討って恭順の意を示したという。このような伝承が盛り込まれたのも、物部氏が天皇家の支配権を固めるうえで功績があったためなのだろう。

しかし、重職を担った物部氏も、6世紀末には蘇我氏と対立して破れ、衰退していくのであった。

物部氏に代わって台頭した中臣氏

凋落する物部氏と入れ替わるように台頭してきたのが、中臣氏である。中臣氏は、もとは物部氏の配下にあり、吉凶判断などの占いを司る**「卜部《うらべ》」**と呼ばれる集団を統率していた。

『古事記』によれば、中臣氏の祖神アメノコヤネは、鹿の骨を焼いて占いを行ったり祝詞を奏したりするなど、祭祀の執行を担っていた。神名の「コヤネ」も「小さな屋根」の意で神託を受ける場所を指すとされ、天孫降臨の際には天照大神から「わが孫のために神に仕えよ」と詔《みことのり》を下されている。つまり**中臣氏は神代の時代から神祇を奉祀する**

氏族であったとされているのだ。「中臣」という名前にも、「神と人との中をとりもつ」という意味があるといわれる。

そして一族の名を一躍広めたのが、**中臣鎌足**《なかとみのかまたり》だ。６４５年、鎌足は中大兄皇子《なかのおおえのみこ》とともに蘇我入鹿《そがのいるか》を暗殺し、政治のトップに躍り出る。その後、中臣氏は天皇から藤原姓を与えられ、平安時代には政権の中枢を掌握するのである。

藤原家以外の中臣氏も、律令制が整ったのちは神祇官の職を独占した。天皇の即位式や大嘗祭では中臣氏が天神寿詞《あまつかみのよごと》を奏上することが慣例化され、さらに伊勢神宮や鹿島神宮など全国の主だった神社でも、中臣一族が神職を世襲した。**こうして物部氏が基礎を固めた神祇祭祀は、中臣氏によって整備され、後世に伝えられた**のである。

現在でも、中臣氏の本拠地だったと伝わる大阪では、その祖神アメノコヤネを祀る神社がある。東大阪市にある枚岡《ひらおか》神社だ。同じように、春日大社や吉田神社など、藤原氏とゆかりの深い神社でも、大事に祀られている。

なお、両氏には「連《かばね》」の身分が与えられていたが、６８４年に「八色《やくさ》の姓《かばね》」が制定されると、連姓の豪族のほとんどが「宿禰《すくね》」を授けられたのに対し、両氏は一つ上位の「朝臣」を賜っている。このことからも、祭祀に携わる両氏族がいかに朝廷から重視されていたかが窺える。

35・仏教伝来で起きた日本の内乱とは？

新宗教「仏教」の伝来にまつわる確執

神社は日本全国、いたるところに建てられている。その数は8万8000社以上。コンビニよりもはるかに多いという。日本一多い宗教施設といっていいだろう。

しかし、お寺も神社に負けないぐらい、日本各地に建てられている。後継者不足に悩む寺院は多いが、それでもその数は7万7000寺を超えている。異なる宗教の施設が同じ国でここまで同居しているのは、考えてみれば不思議だが、これも神仏習合の影響だろう。

だが、仏教伝来当時は、事情が少し異なっていた。**仏教を受容するかどうかがきっかけで有力者同士の対立が表面化し、内乱にまで発展することになった**のである。

仏教は、6世紀中ごろには伝来していたと考えられている。このときの様子を、『日本書紀』が伝えている。それによると、大陸から来た新宗教を受け入れるかについて、時の欽明《きんめい》天皇は重臣に意見を求めたという。重臣のうち、大臣の**蘇我稲目**《そがのいなめ》は仏教の受け入れに賛成した。稲目は先進思想でもある仏教の導入こそが、世界に追いつく近道だと信じ、仏像と寺院の創建を天皇に進言する。

これに反対したのが、大連の地位にあった**物部尾輿**《もののべのおこし》だ。中臣氏ら保守勢力と結託した尾輿は、「外来の神を崇めたら、我が国古来の神々がお怒りになる」と言って天皇を諫め、国家として仏教を崇拝することを断念させた。

ただし、天皇は私的に仏神を祀るのは問題なしとしたため、稲目は私邸で仏像を礼拝した。だが、そのあと国中に疫病が流行してしまう。これを神々の怒りと受け取った尾輿は仏像を難波堀江に捨て、天皇もそれを黙認した。ひとまず、仏教受容派は敗れることになる。

だが、これで決着がついたわけではない。蘇我氏を中心とする「崇仏派《すうぶつは》」と物部氏が筆頭の「廃仏派《はいぶつは》」の確執は、次の代まで持ち越される

『日本書紀』が仏教受容に反対したと伝える物部尾輿

ことになったのだった。

エスカレートする蘇我馬子と物部守屋の対立

そして欽明朝から2代後の用明《ようめい》朝のころ、不穏な空気が流れた。大臣は稲目の子である馬子《うまこ》で、大連は尾輿のあとを受けた守屋《もりや》である。用明天皇が病床につくと、仏教への帰依を望んだのである。馬子は守屋の反対を無視して法師を内裏に招き入れたが、当然、両者の対立は深まった。そして、用明天皇が崩御すると、対立は内乱にまでエスカレートするのである。

用明天皇が病床にあった際、守屋は群臣たちが自分を攻めようとしているという報告を受けた。そこで本拠地である河内国の阿都へ赴き、挙兵の準備を進める。これに対して馬子が阿都へと進軍したことで、両者は軍事衝突したのである。

勝利したのは馬子だった。馬子軍は幾度も撃退されたが、戦闘の最中、馬子側の厩戸《うまやどの》皇子《みこ》（聖徳太子）が四天王の像を彫り、「この戦いに勝利すれば仏塔をつくる」と祈願すると、守屋は弓に当たって死亡し、物部軍は総崩れとなったのだ。その後、厩戸皇子は祈願の約束を守って寺院を建立した。それが現在の大阪市にある「四天王寺」である。

仏教反対派はいなかった？

このような対立を経て、仏教は朝廷に受容されたと『日本書紀』には記されている。しかし、実際には、**どの豪族も仏教自体には反対していなかったのではないかと考えられている**。

確かに、『日本書紀』の記録をそのまま読めば、廃仏派と崇仏派が激しく争ったように見える。しかし、『日本書紀』には時代は異なるのにほぼ同じ記述がいくつかあり、史実と考えるのは難しいのである。

そもそも、日本側の史料では、仏教が朝鮮半島から献上されたと記しているが、中国の史料には日本側が望んだために仏教がもたらされたとある。**ヤマト政権は大陸の文化の技術をとりいれることに熱心だったため、仏教受容もその一環だったと考えたほうが自然**だろう。

また、物部氏も決して仏教を毛嫌いしていたわけではないとされる。「渋川廃寺跡」は物部氏の氏寺とする説もある。つまり、内乱は「崇仏派対廃仏派」という宗教問題ではなく、**二大豪族による権力争いだった**と考えられるのである。

36・怨霊を恐れた御霊信仰とは？

怨霊から鎮護の神へ

古の時代より、人が死ぬとその魂は肉体から離れ、霊になると伝えられてきた。縄文時代には死者の手足を折りたたんで埋葬する「屈葬《くっそう》」が盛んに行われたが、これには遺体の動きを封じ、霊が生者へ災いを及ぼすのを防ぐ目的もあったといわれている。

また、深い怨みを抱きながら亡くなった者の魂は怨霊となり、社会に疫病や災害など様々な災禍をもたらすと考えられた。そこで平安時代には、**怨霊を「御霊《ごりょう》」、つまり尊い存在として崇めることで、災厄を免れようとする思想**が生まれた。それが「**御霊信仰**」である。その信仰対象の先駆けとされるのが、桓武天皇の皇太弟・早良親王《さわらしんのう》だ。

奈良時代末期の785年、桓武《かんむ》天皇は長岡京への遷都《せんと》計画に着手した。しかし、責任者に選んだ藤原種継《ふじわらのたねつぐ》が、何者かに暗殺されてしまう。疑われたのは、遷都に反対していた早良親王である。幽閉された早良親王は潔白を主張し、絶食してまで抗議したが、聞き入れられなかったことで憤死した。

その死後、桓武天皇の妻、母が相次いで亡くなり、暴風雨や旱魃《かんばつ》などの自然災害が続発する。一連の災いを、人々は親王の祟りに違いないと信じた。そのため、朝廷は霊魂を鎮めるべく弔いの儀式を実施。平安初期に編纂された『日本後紀』では、この儀式を**「怨霊に謝するため」**と記している。これが史料上初めて「怨霊」の言葉が使われた例とされている。

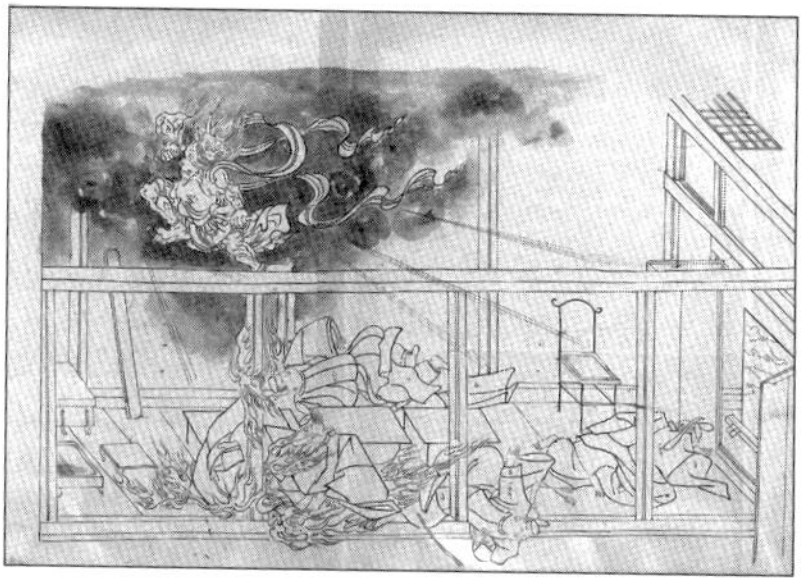
上図の天神は次ページで紹介する菅原道真の怨霊（「北野天神縁起」国会図書館所蔵）

早良親王の魂を鎮める御霊神社

やがて宮中行事としても、読経や音楽などによって非業の死を遂げた人物の魂を慰撫する**「御霊会《ごりょうえ》」**が行われるようになる。また鎮魂の対象となった高官や皇室関係者の多くは失脚と同時に官位が剥奪されたので、名誉回復の手段として諡号《しごう》が授けられた。

さらに御霊信仰のもとでは、怨霊を神として祀る方針が採られた。それは怨念が強ければ強いほど、今度はより強力な鎮護の神として人々を守ってくれると考えられたためである。そのため御霊信仰は、怨霊の持つ憎しみを浄化させ、守護神として昇華させたことに特色があると言えるだろう。

なお、その鎮魂の目的で建立されたのが、日本各地の御霊神社である。早良親王も「崇道天皇《すどう》」の諡号《しごう》を贈られ、京都・御霊神社（上御霊神社《かみごりょう》）に祀られることになった。

御霊信仰の代表格、天神信仰

そしてこの御霊信仰の代表格と言えるのが、**菅原道真**《すがわらのみちざね》を祀った**天神信仰**《てんじん》である。幼少のころより学問に優れた道真は、宇多《うだ》天皇の信任を得て右大臣にまで上り詰めた。だがその才覚を妬まれ、左大臣・藤原時平《ときひら》の讒言《ざんげん》によって失脚。道真は福岡の大宰府へ左遷され、悲嘆のうちに亡くなった。

ところが彼の死後まもなく、時平をはじめ、道真の左遷に関わった人物が次々と病死し、さらに宮殿に雷が落ちて多数の死者が出た。この落雷事件によって、道真の霊魂は雷神と習合したと考えられるようになり、北野の地で祀られていた火雷天神だとみなされるようになる。

　そしてその怒りを鎮めるべく、神社が建立されることになった。それが947年に建立された**北野天満宮**である。その後、朝廷により「天満大自在天神《てんまんだいじざいてんじん》」の称号が贈られ、天神信仰が始まった。

　また、関東の武士・平将門《たいらのまさかど》も、御霊信仰の対象として有名だ。将門は新皇《しんのう》を称して朝廷に弓を引いたが、940年藤原秀郷らに攻められて戦死。この将門の祟りを畏れてつくられたのが、東京の神田神社だ。

　さらに1156年に「保元《ほうげん》の乱」で後白河天皇に敗れ、讃岐《さぬき》国で絶命した崇徳天皇は京都・白峯《しらみね》神宮に、1185年に「壇ノ浦の戦い」で海に沈んだ安徳《あんとく》天皇は福岡の水天宮で水の神として祀られることになった。

　ただし、御霊だからといって、ずっと恐怖の対象だったわけではない。道真は学問に秀でた人物だったため、時代がくだると、**学問を守護する神**として崇められるようになっていく。また、将門も、武家を中心に多くの人々が尊崇したため、徳川2代将軍秀忠の時代には江戸城の総鎮守に定められた。

　のちに豊臣秀吉や徳川家康など、傑出した人物を神として祀る**人神信仰**が広まるが、これも御霊信仰の流れを受けている。時代が移り変わったことで、神に対する恐怖は消えていき、肯定的に捉えられるようになったのである。

37・平安時代に大流行した熊野信仰とは？

この世とあの世の境とみなされた熊野三山

紀伊半島南部には、「**日本第一大霊験所**」と称される聖地が存在する。全国3000社以上の分社をもつ、熊野信仰の発祥となった**熊野三山**《くまのさんざん》だ。和歌山県田辺市の熊野本宮《くまのほんぐう》大社《たいしゃ》（本宮）、那智勝浦町《なちかつうらちょう》の熊野那智大社（那智社）、新宮《しんぐう》市の熊野速玉《くまのはやたま》大社（新宮）の三社をメインに構成されている。世界遺産にも登録された、日本屈指のパワースポットである。

建立時期は正確にはわかっていないが、本宮が第10代崇神《すじん》天皇の時代（紀元前30年ごろ）、新宮が第12代景行《けいこう》天皇の時代（西暦127年ごろ）、那智社は不明だが第16代仁徳天皇の時代（西暦4世紀ごろ）の建立だという伝承が残っている。つまり、三社ははじめ個別に建立され、後に一つの聖地として位置付けられるようになったといえる。

熊野は、もともと「隈野」と記され、「奥まった土地」を意味していた。そして、『日本書紀』によると、国産みのときに火傷で亡くなったイザナミが葬られた地であり、スサノオが「根の国」、すなわち冥界に赴く前に訪れた場所ともされている。すなわち、**熊野はこの世とあの世の境とみなされた土地**だったのだ。山岳信仰などの自然崇拝も興り、奈良時代から多くの行者が修行のため足を踏み入れることになったのである。

熊野古道。雨で足場がぬかるみやすいため、昔から石畳で舗装されていた。

平安時代に巻き起こった一大ブーム

やがて本地垂迹説の影響もあり、本宮に祀られていた「家津御子神《けつみこのかみ》」は来世を救済する阿弥陀如来、新宮の「熊野速玉神」は過去世を救う薬師如来、那智社の「熊野夫須美神《ふすみのかみ》」は現世利益を担う千手観音の化身として崇拝された。この神仏習合によって三山の霊威は一層高まり、熊野の地全体が浄土として見なされるようになる。

そして平安時代末期には、**当時広まった末法《まっぽう》思想の影響で、熊野詣《くまのもうで》が大流行**した。末法思想とは、釈迦の入滅後1500年で世の中が混乱に陥るという思想である。その時期が、平安時代中期の1052年だと考えられていたため、人々はその混乱から逃れるために、極楽浄土へ行くことを願って、熊野を訪れたのである。

そのため、**熊野は行者のみならず朝廷からも尊ばれた**。907年の宇多《うだ》上皇の行幸《ぎょうこう》を皮切りに、歴代上皇は実に103回も熊野詣を実施。後白河上皇は生涯で34回もの行幸を重ね、花山《かざん》上皇にいたっては那智の滝で庵を結んで千日の修行を行ったといわれている。鎌倉時代の歌人・藤原定家《ふじわらのていか》の日記『明月記《めいげつき》』には、1201年の後鳥羽上皇の熊野詣の様子が記され、そこには「千に近い人馬を従え、1日の食糧は米16石（約1600升）にも及ぶ」と大がかりな行幸の様子が描かれている。

「蟻の熊野詣」と呼ばれた聖地巡礼

やがて熊野詣は、朝廷だけでなく、武家や庶民の間にも広まるようになる。その背景には、熊野信仰を説いて諸方を歩く「勧進聖《かんじんひじり》」や「熊野比丘尼《くまのびくに》」の活動があったとされる。勧進聖たちは、地獄界や餓鬼界といった仏界などを描いた絵図を携え、浄土である熊野への参詣を人々に勧誘した。熊野へ行けば、苦界から逃れることができると触れ回ったのである。もっともその際には「地獄の沙汰も銭次第」という台詞も盛り込まれていたというから、寄進を募る意図もあったといわれている。

また、**女性や病人の参拝者を受け付けた**ことも、熊野参詣の広がりに影響を与えただろう。高野山や比叡山は女人禁制だったが、熊野の神々は寛容だった。熊野には、「信不信を選ばず、浄不浄を嫌わず」という、万民を受け入れる宣託があったため、**室町時代には身分や性別に関わらず大勢の人々が熊野を訪れるようになった**のだ。

こうして、巡礼者の数はどんどんと増えていった。切れ間なく行列ができるほど盛んになったため、「蟻の熊野詣」と呼ばれるほどだった。1603年に刊行された『日葡《にっぽ》（ポルトガル）辞書』にもこの言葉が掲載されていることからも、当時の人々が熊野詣に高い関心を寄せていたことが窺える。

熊野信仰において、現世の浄土・熊野へ参拝し、そこから帰っていくことは、死と再生を意味する。そのため熊野三山は「**蘇《よみがえ》りの聖地**」として、今なお多くの人々の信仰を集めているのである。

38・維新の原動力になった復古神道とは？

江戸幕府の儒教政策に対抗した国学

戦国時代と並んで、ドラマや小説で人気を集める時代といえば、幕末である。江戸幕府を倒して明治時代の礎を築いた志士たちの活躍に、胸を躍らせる歴史ファンは少なくない。

そんな志士たちの原動力となったのが、意外なことに神道の考えである。神道は自然信仰に端を発しているため、もともと教義はなかったが、皇室を敬い夷狄《いてき》（外国人）を排除するという思想、いわゆる**「尊皇攘夷」**は、神道由来のある学問から生まれている。その学問こそが「**国学**《こくがく》」である。では、維新の志士に影響を与えた国学とは、どのような学問なのだろうか？

江戸時代、幕府は寺院が庶民の戸籍を管理する「寺請《てらうけ》制度」を設け、文教政策では「儒教」を重要視していた。そんな幕府主導の儒教政策に反発し、江戸時代中期に起きた学問が国学だ。

国学では、外来思想である仏教や儒教ではなく、日本古来の伝統を学ぶべきだと考え、その源泉を「古典」に見出した。18世紀初頭の国学者・荷田《かだの》春満《あずままろ》は、日本にも仏教や儒教に並ぶ偉大な思想があると考え、古典に通じる「まことの道」を「古道」と呼んだ。その春満の見出した古典が『古事記』や『日本書紀』である。そして古道は、**日本古来の信仰である神道を基礎とした**。

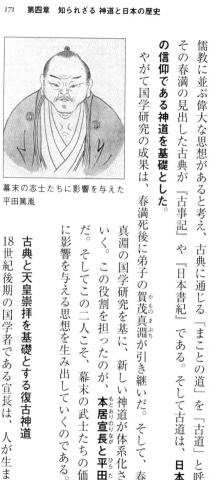

やがて国学研究の成果は、春満死後に弟子の賀茂《かもの》真淵《まぶち》が引き継いだ。そして、春満や真淵の国学研究を基に、新しい神道が体系化されていく。この役割を担ったのが、**本居《もとおり》宣長《のりなが》と平田《ひらた》篤胤《あつたね》**だ。そしてこの二人こそ、幕末の武士たちの価値観に影響を与える思想を生み出していくのである。

幕末の志士たちに影響を与えた平田篤胤

古典と天皇崇拝を基礎とする復古神道

18世紀後期の国学者である宣長は、人が生まれな

がらに持つ心のままに、自然な生き方をするのが最良として、仏教や儒教の影響を除いた本来の神道を学ぶべきと述べた。そのために『古事記』などの古典をよく読んだ。そのうえで、純粋な心を取り戻し、万物の原動力たる「産魂《むすひ》」と天照大神の末裔である天皇への礼賛を忘れないよう、内面の浄化を人々に強調する。

この宣長の主張に、篤胤が神道の各種儀礼を結びつけた。さらに「日本人が日本は神国である所以を知り、正しき人道に沿った生き方をするのが、真実の神道である」という価値観を示す。これにより、日本を最も優れた国だとみなす「日本本源論」と、天皇を至高の存在と位置づける「皇国尊厳論」が合わさることになる。これこそが、幕末に流行した「復古神道」である。

「尊王攘夷論」の誕生

篤胤の著書は、その死後も幅広く読み継がれた。復古神道は決して反幕府思想ではなかったが、幕府の対外政策に失望した勤皇志士達は、これを改革思想の拠り所とした。仏教伝来以前の尊い時代精神に帰るべきだという、**改革に肯定的な価値観が、志士たちの心を捉えた**のである。やがて、篤胤の考えは「尊王攘夷論」につながった。この尊攘実践の中心となったのが、ご存知、長州藩や薩摩藩である。

しかし、こうした雄藩は、欧米列強の軍事力を目の当たりにしたことで、攘夷論を実践するのは不可能だと気付いた。加えて長州藩が御所に攻め入って朝敵となると、攘夷運動は頓挫する。

しかし、復古神道が尊んだのは、外国から日本国土を守ることだけではない。天皇を敬う勤王思想も、重要な要素だ。志士たちは、この勤王思想に基づいて天皇中心の世をつくるため、討幕運動に奔走した。そして1867年、15代将軍徳川慶喜が政権を天皇に返上したことで、その目的は果たされたのである。

ちなみに、そんな勤皇志士達を祀る神社が、京都市東山区の**「京都《きょうと》霊山《りょうぜん》護国神社《ごこくじんじゃ》」**である。

高杉晋作や桂小五郎といった大物だけでなく、有名無名の志士たちの墓も置かれている。なお、人気の高い坂本龍馬の墓は、相棒であった中岡慎太郎のものと並んで祀られ、二人の銅像まで建てられている。

なお、この京都霊山護国神社は、創建当初は維新志士だけを英霊として祀っていたが、のちに日本軍戦死者の合祀が決まり、太平洋戦争が終わるまでに、多数の兵士が英霊に加えられた。現在、霊山護国神社に祀られている英霊の総数は7万3011柱。そのうち1356柱が幕末の動乱で散った勤皇志士とされている。

39・廃仏毀釈はなぜ起きた？

神仏混淆の解消を目指した神仏分離令

現在でこそ、神社とお寺は分かれているが、明治時代以前はそうではなかった。鳥居が建てられたお寺があったし、神社の境内には神宮寺というお寺が建てられていた。実質的には、仏教が神社を主導するかたちで、両者は一体となっていたのである。

そうした神仏習合の状態を変えたのが、**廃仏毀釈**《はいぶつきしゃく》だ。明治政府による仏教と神道の分離政策に端を発した運動である。

明治初期、神社から仏教色を廃するようにという法令が下されると、全国のお寺が廃合され、多くの僧侶が僧籍をはく奪された。奈良の興福寺も廃寺同然となり、五重塔が25円（現在の貨幣価値で10～15万円ほど）で売りに出されかけるなど、現在では考えられないほど仏教は矢面に立たされたのである。

なぜここまで過激な反応が起こったのか？　民衆の仏教に対する不満も、当然あっただろう。しかしそれ以上に、神社側の不満が影響していた。

明治政府が神仏分離政策を実施した目的は、天皇中心の国づくりを実現するために、神道を国教化することだった。これを推し進めた**復古神道系の国学者**が、仏教色を徹底的に廃そうとしたのである。

1868年1月に神祇事務科が設置されると、判事に平田鉄胤《かねたね》らが任命された。こうした国学者が、明治初期における宗教政策を立案推進していくことになるのである。

仏具を焼く神官たち（『開化乃入口』国会図書館所蔵）

現在も寺院の存在しない自治体

といっても、神仏分離令は、神道色の強化が目的であり、必ずしも**仏教撲滅を狙った政策ではなかった**。

そもそも、実は国学が普及し始めた幕末前から、小規模な廃仏運動は諸藩で起きており、廃仏の機運はすでに高まりつつあった。

また、民衆の間でも、幕府に保護され、葬礼で儲ける一部の僧侶に対して、不満が溜まっていた。江戸時代に仏教を揶揄する唄や記録が多いのは、そのためだ。そんな時期に神仏分離令が発せられたため、仏教への不満が大爆発したのである。

勤皇思想が強かった奈良の十津川郷（現十津川村）では、腐敗した仏教への怒りから、51寺の寺院を残らず破壊。僧侶は追放されるか神職となり、領民の葬儀は神葬祭に変更された。そのため、現在でも十津川村に寺院は存在しない。

寺院への破壊行為は日本中で見られたが、注意すべきは、**国がそれらを指示したのではなく、諸藩や個人の独断で行われた**ことである。政府にとっても予想外の出来事だったようで、直訴した寺院を保護するなど、過激な運動には手を焼いていたようだ。

このような運動に危機感を抱いて仏像保護に努めた人物もいる。元官僚の**岡倉天心**《おかくらてんしん》だ。

岡倉は、仏像が無差別に破壊されることへの嘆きから、伝統文化の保護と修繕のために尽力。岡倉が通訳を担当したお雇い外国人のフェノロサも協力し、「日本の芸術は西洋に匹敵する」と伊藤博文首相らを説得する。こうした岡倉の活動の甲斐あって、1877年までに全国の寺院の半数以上が廃寺になったというが、東大寺の仏像をはじめ多くの文化財が修復され、1897年の「古社寺保存法」公布に繋がったのである。

神社でも破壊が行われた一村一社政策

一方、意外なことに、寺院だけでなく神社に対する破壊活動も見られた。政府は、1906年から神社再編を目指して、各町村の神社を合祀する「神社合祀令《じんじゃごうしれい》」を実行に移す。神社は一町村に一社のみと定められ、伝統ある神社と地域信仰の数々が消滅することになったのだ。

これに異を唱えたのが、博物学者であり民俗学者の**南方熊楠《みなかたくまぐす》**である。和歌山県熊野古道《くまのこどう》では、合祀の名目で神社林が伐採されて、貴重な動植物の絶滅や生態系崩壊が危惧された。和歌山県出身の熊楠は、この事態を受けて政府への反対運動を開始。合祀の強行はかえって住民の安寧を壊すとして、主要新聞に反対意見を投稿するとともに、各界の著名人に協力を求める手紙を出したのである。

投獄されながらも熊楠が抗議運動を続けた結果、合祀強制は1920年に終息。**17万社を超えていた神社は約11万社にまで激減したと**いうが、もし熊楠の活動がなかったら、さらに多くの神社が失われていたに違いない。

40・戦後に解体された国家神道とは？

天皇崇拝を謳った国家神道

神道は自然信仰から発生し、各地域の特色や有力者の信仰などと織り交ざりながら多様なかたちに分かれていた。だが、明治の世になるとその様相は一変する。

明治新政府は、江戸時代までに成立していた神道宗派を再編成し、国家と極めて強い結びつきを持つ神道を誕生させた。それが、**天皇崇拝の思想を主軸にした「国家神道」**である。戦後は連合国軍総司令部（ＧＨＱ）から日本を戦争に導いたとみなされ、解体されたイデオロギーだ。

もちろん、そんな事態になるとは、明治政府にも予想できなかっただろう。政府がわざわざ国家神道を生み出したのは、国を亡ぼすためではなく、一つにまとめることだったからだ。

新政府における最重要課題の一つは、近代国家を打ち立て、欧米列強の仲間入りを果たすことだった。そのため、政府は西欧の文化や技術を次々と導入すると同時に、**国内の思想を統一するために、神道を求心力のある宗教に再編しようとした**のである。

政府首脳は、欧米諸国が国内に様々な対立を抱えながらも一つにまとまり強国になり得たのは、国民がキリスト教という共通の価値観を持っているためだと考えた。そこでキリスト教を神道に置き換え、国民の忠誠心や団結心を養って中央集権体制を固めようとする。そして「日本は天照大神の子孫である天皇家が統治を行ってきた神の国である」という理念を掲げたのである。

靖国神社を参拝する日本軍。戦前は天長節や紀元節といった天皇と関係の深い日や、陸海軍の記念日などを国民規模で祝っていた（『靖國神社記念寫眞寶典』国会図書館所蔵）

国家機関に位置付けられた神社

江戸時代は、幕府の庇護を請けたお寺が、民衆の戸籍を管理するなどして公共機関のような役割を果たしたが、**明治以降は神社が国家機関**となっていく。

1872年、政府は宗教行政を管轄する教部省を設置。その下に、国民教化を担う教導職制度を設けた。これにより、神職をはじめ、民間宗教の布教者、さらには俳優や落語家など、人にものを説く能力を持つ者が採用され、国家神道の宣教活動が行われる。

神道勢力は布教ノウハウが乏しいという弱点があったが、仏教界の協力を得たことで国民教化を進めていく。最終的には内部分裂して神道の国教化は失敗するものの、代わりに独特の価値観が定着することとなる。**神道は「宗教を超越した精神的な存在」と位置付けられ、日本古来の「慣例」として、他宗教の上位に位置付けられた**のである。

一方、神道の担い手であった神社も、大きな転換を迎えた。明治政府は神社を「国が祀るべき公的施設」と規定した。これにより、主だった神社の神職は内務大臣や地方長官の指揮監督を受けることになり、神社は国家機関に変貌する。つまり、神社は地域住民の信仰の拠り所から、国家の意志を民衆に伝える政治的な場に変化したのである。

ただ、自然神を祀る既存の神社は、国家神道の思想に適合するものが少なかった。そのため、政府は歴代天皇を祀る神社を次々と創建した。それが神武天皇を祭神とする奈良・橿原神宮《かしはらじんぐう》や明治天皇を祀る明治神宮だ。さらに、招魂社《しょうこんしゃ》や靖国神社など天皇のために殉じた人々を神として称える神社も建立され、国家神道がゆっくりとかたちを整えていくのである。

軍国主義へと結びついていった神道の思想

教化政策の過程で、仏教色の強い神社は名称が変更された。北野天満宮は北野神社に、薬師社は少彦名《すくなひこな》神社に、祇園社も八坂神社と改称。

一方、皇室祭祀は国家神道の根本儀礼と位置付けられ、国民は祭祀への参加が求められた。そのため国民の祝祭日は2月11日の紀元節《きげんせつ》、11月23日の新嘗祭《にいなめさい》など、全て皇室祭祀に従って定められたのである。

さらに神社のみならず、**学校も国家神道を支える基盤となった**。記紀神話が歴史や道徳で教えられた他、各校には明治天皇の肖像写真**「御真影《ごしんえい》」**が掲げられ、職員生徒全員が最敬礼するよう指導された。

このように、国民の精神生活に強い影響力を及ぼす存在となった国家神道だが、その思想は**日中戦争ごろから軍国主義と結びつく**ようになる。「神に率いられた日本民族」という選民意識や天皇に命を捧げることを美徳とする考えは、国民統制のイデオロギーとして利用されてしまう。だからこそ、戦後はGHQによって解体されることになったのである。

41・神道がなくなりかけた時期がある？

神道の影響力を排除しようとしたGHQ

初詣や七五三、結婚式、お宮参りなど、神道に由来する慣例は数多い。それだけ日本人の生活に深く根付いた価値観だが、そんな神道が規制されかけた時代があった。それが、連合国軍総司令部（GHQ）が日本を占拠した、**終戦直後**である。

太平洋戦争に敗北すると、日本は連合国の占領下に置かれ、アメリカ軍を主軸とするGHQが政策を指揮することになった。そのGHQが民主化政策を進めながら検討していたのが、神道の規制である。

欧米各国は、神道のことを特定の教団が牛耳るイデオロギーだと思い込んでいた。日本政府が神社を通じて国民に天皇崇拝を強制している——。そう考えた連合国は、戦中から戦後における宗教改革を早くから検討していたのである。ポツダム宣言の第10条に宗教の自由化を記載したのも、神道の影響力低下を図ることが、理由の一つと考えられている。

そのため、日本に進駐したＧＨＱは、戦中の方針を踏襲して神道への対策を基本路線に組み込んだ。そして、１９４５年10月に覚書を示し、日本政府に宗教自由化に関する議論を行わせる。**今後は神道が優位に立ち、他の宗教の信仰が制限されることがないよう、対策を促した**のである。

1945 年 11 月、靖国神社の見学にきた進駐軍の兵士たち

国家と神道の分離を図った神道指令

このころ、各地の神社では、進駐軍兵士が社殿に許可なく侵入して宝物へ触れるなど、神道が軽視されるようなトラブルが相次いでいた。

そのため神社界は、神社の地位低下を防ごうとＧＨＱ向けに「神道は日本の国教ではなく、それどころか戦争による財政難で神社への国費は削減されていて、行政から特別な扱いを受けていなかった」とする弁明の基本項目を作成する。

その後、ＧＨＱが12月15日に発した答えが、いわゆる「神道指令」と呼ばれるものだ。この神道指令によって、神社は国家から分離し、仏教やキリスト教と同じ、一宗教となることが決められた。つまり、各神社は公的機関から一宗教機関となり、神職は準公務員という特権的な地位を失ったのである。

民間神社を規制から守った視察団への対応

ＧＨＱが神道指令を下した目的は何か？　それは政教分離を徹底させ、日本の公的権力から神道を除外することだった。そのため、**神道指令で規制されたのは天皇崇拝に関係するものばかり**で、自然信仰や神祇祭祀は規制を免れている。信仰の自由を認める立場から、国家が宗教に介入する事態をなくそうとしたのである。日本の弁明がうまく通ったというわけではないようだ。

とはいえ、一般の神社であっても、その祭祀には天皇家に関係するものが少なくない。そうした祭祀が規制されなかったのは、なぜなのだろう。それは、祭祀のすべてが国家に関係するのではないと、ＧＨＱに理解されたからだと考えられる。

神道指令発布に先立つ11月、**ＧＨＱは神道の実態を調査**するため、民間の神社における祭祀を視察した。対象となったのは、所沢市の中氷川《なかひかわ》神社である。

このときGHQは「新嘗祭《にいなめさい》」の視察を希望した。新嘗祭は、収穫を神に感謝する秋の祭祀で、祭祀のなかでも重要なものである。神社側は辞退するものの、GHQの依頼を受けた役人に押し切られて、視察を受け入れた。

神社側は乗り気ではなかったかもしれないが、やるとなれば徹底していた。宮司や氏子達は、わずか3日間で準備を整え、祭祀や奉納舞を披露。その様子に、視察団は何度も驚きの声をあげたという。

1946年2月2日、日本政府は全ての神社関連法案を廃止し、神社行政を司っていた神祇院《じんぎいん》も1月31日限りで解体された。そして5月には、宮中祭祀と政治の関係も断たれ、GHQが国家神道と呼んだ神道政策は全廃されることになった。

もちろん、一般の神社は規制を免れたとはいえ、**国の保護を失ったことで、混乱も少なくなかった**。しかし、その後は神社同士が協力して祭祀を整え、信仰を守り伝えているのである。

春日大社の神職たち。日々の祭事の他、参拝者向けの祈祷や運営に関わる事務処理など、業務は多岐にわたる（ai / PIXTA）

第五章

神職はどのような仕事をしているのか？

42・神社で働く方法とは？

求人情報も出されることがある神社への勤務

神社といえば、長きにわたって特別な血族に代々受け継がれ、就職するのは親族がほとんど……だと思われているかもしれない。しきたりに厳しそうだというイメージから、縁もゆかりもない一般人が働くことは、難しいと考えてしまう人も少なくないだろう。

確かに伊勢神宮の藤波家、住吉大社の津守家、出雲大社の千家家のように、世襲で神職を務める「社家」という家柄もあるため、あながち間違いだとはいえない。

ところが、**神社で働くだけであれば、ハードルは意外と低い**のである。

神社に勤める一番の近道は、求人情報を見ることだ。ずいぶんイメージと異なるが、求人系のインターネットサイトや求人雑誌を見ると、神社が巫女や事務員を募集していることが稀にある。そうした求人を見つけたら、一般企業と同じく履歴書持参で面接を受け、合格すれば神社に勤務できるのだ。

ではなぜ神社は求人情報を出すのだろうか？　それは、慢性的な人手不足が理由である。かつては、社家の身内や地元の氏子会が雑用を務め、それらの中の女性が巫女を担当してきた。

だが、近年では**過疎化や少子高齢化で人手不足になる地方の神社も増えている**。幸い、巫女や事務員には神職資格が必要ない。そのため、繁忙期を中心に臨時でアルバイトを雇い、神社によっては正社員としての巫女や事務員を募集しているのだ。

なお、狙い目はやはり年末年始。神社が最も忙しくなるので、アルバイト（「助勤《じょきん》」と呼ぶ）の求人も増えるからだ。

伊勢神宮の内宮において、天照大神に衣を奉納する神御衣祭の様子。どの神社でも、ほぼ毎日、なんらかの神事が行われている（© Tawashi）

ハードルの高い神職としての採用

このように、神社でアルバイトとして働くだけならそう難しくはない。しかし、神職として働きたい場合は事情が違ってくる。

神職となるには、まず「階位」を得なければならない。最も下の直階となるだけでも、それなりの覚悟が求められる。國學院大學や三重県にある皇學館大学、もしくは大阪國學院、神宮研修所などの神社本庁指定の神職養成機関に入学するか、神社本庁主催の講習会と試験を受ける必要があるからだ。

そうした難関をパスして階位を得たとしても、神職の求人は巫女と違って多くはない。あったとしても、神道系大学向けの新卒募集くらいのものだ。しかも、神社関係者や社家に限ったものが大半である。

後継者のいない地方の神社なら話は別だが、一般人が階位を授与されても、奉職したい神社に知り合いがいるといった縁故などがなければ、神職としての就職や転職は極めて難しいのである。

まだまだ困難の伴う女性神職

しかし、そのような神職の就職事情も、以前と比べたらかなり改善はされている。根拠の一つは**女性神職の採用**だ。

戦前までは女性が神職になることは禁じられていたが、太平洋戦争が勃発すると多くの男性が兵士として徴兵され、戦後になると多数の神社が神職不足に陥った。その穴埋めをするために女性神職が解禁されて、現在にいたっているというわけだ。古代の日本では女性が祭祀の中核だった時代もあるので、ある意味古来の風習が蘇ったといえなくもない。

現在、神職は神社本庁が認定するだけでも２万人以上いると言われ、そのうち約４０００人が女性神職だとされている。安産祈願などを頼みやすいという理由から、女性参拝者からの評判は高い。熊本県宇城《うき》市の郡浦《こうのうら》神社のように女性が宮司となるケースも増えつつある。

しかし、講習会の女性受講者も増加傾向にあるというが、その状況は未だに厳しい。伝統を重んじる神社界では女性神職への理解が高くはなく、求人がないどころか、奉職できても祭祀の補助など巫女と変わらない仕事しかないケースが多々あるという。ただ、更衣室やトイレの不備などの設備問題や、重労働や宿直など体力的な問題に女性が耐えられるかという心配も大きいので、求人の少なさは無理解や差別感情だけが理由ではないことも事実である。

もし、神社で働きたいという方は、こうした苦労が伴うことを忘れずに。

43・巫女にはどんな役割がある？

祈祷師を起源とし、かつては神事の中核

神社にとって**巫女《みこ》**は、欠かせない存在である。巫女は神に仕える役職である巫覡《ふげき》の一部で、男性が「覡」と呼ばれ、女性が「巫」とされている。現在は、神社にまつわる用事をこなし、神事においては神楽舞《かぐらまい》を披露することもある。赤い袴に白衣をまとい、髪を後ろに束ねた姿が印象的だ。

その起源は、神の声を聞く祈祷師《きとうし》（シャーマン）である。古代において、巫女は**神霊を憑依させて神託を得る、神事の中核的存在**だった。ヤマト政権も国家運営に神託を利用したと伝えられるし、鬼道によって国を治めた邪馬台国の卑弥呼も、巫女の一種だといえる。アジアやアフリカ、東欧の一部にも、巫女と同じように神の口寄せをする女性

祈祷師がいたというから、巫女は原初の信仰形態を反映しているともいえるだろう。

古代の人々にとって、神々の声を聞くことのできる巫女は、崇拝の対象にもなった。祭祀の実質的指導者として「刀自《とじ》」とも呼ばれ、高い地位を得ていた。

だが、5世紀以降は大陸文化の影響を受けて男性社会となり、女性中心の祭祀は見直された。その結果、憑依と神託を伴う神事は廃れていき、儀式の形式化と男性神職の重視、そして仏教文化との混合が進んだ。こうして祈祷師としての役割が失われ、巫女は祭祀の中核から神職の補助役になったのである。

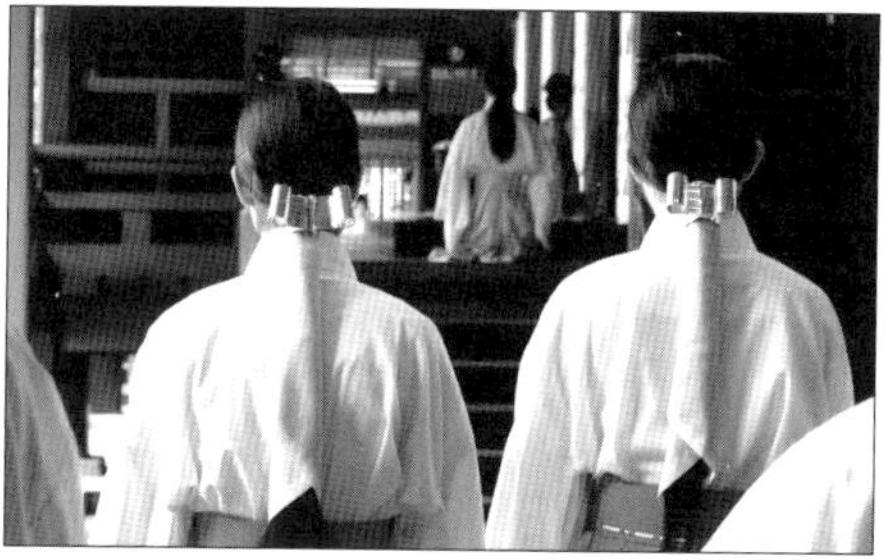

巫女の後ろ姿。髪は丈長と水引という和紙で縛っている（giver / PIXTA）

神社巫女と憑依巫女

民俗学を創設した柳《やなぎ》田《た》国《くに》男《お》によると、現在の巫女は2種類に分けられるという。

一つ目の**「神社巫女」**は、その名のとおり神社で働く一般の巫女だ。**神聖さを体現する立場として神職の祭祀を補助するとともに、神社における各種雑**

用を担当する。緋袴《ひばかま》と白衣を着た巫女のイメージに該当するのは、この神社巫女である。

雑用といっても、その業務は神社によってさまざまである。現在の巫女の基本業務は、境内の掃除、お札やお守りの授与、参拝者の案内や電話対応、パソコンによるデータ入力など。こうした事務作業全般を担当しているのは、多くの神社で共通している。

しかし、神事の補助は神社で異なり、一族の祭礼やお祓いを巫女にさせることもある。ただし、神社本庁は神職資格のない巫女は、補助のみをするよう定めてはいる。

二つ目が**「憑依巫女」**だ。「口寄せ巫女」とも呼ばれるように、**シャーマンだった古来の風習を守り、自身に憑依させた神霊の声を届けたり、死後の世界と交信したりする**のを役目とする。

シャーマニズムに則った祭祀は5～6世紀を境に廃れ、憑依巫女も国家祭祀の舞台から姿を消していくことになる。だが、地方によっては土俗信仰の風習として残っていた。当然、そうした地方では憑依巫女も受け継がれ、地元信仰の要となる。

中世に入ると、習俗の廃れで役目をなくした憑依巫女もいたが、なかには全国各地を回って祈祷や口寄せを行うことで生計を立てる、「歩き巫女（漂泊巫女）」となる巫女も少なくなかった。その移動範囲の広さから、戦国時代には武将にも重宝されて、武田信玄のように組織化した歩き巫女をスパイとして活用した例もある。また、歌舞伎の原点をつくったといわれる「出雲阿国《いずものおくに》」のように、舞や芸で日銭を稼ぐ巫女もいた。巫女の影響は、日本文化の意外なところに表れているのである。

現在も地域に残る憑依巫女たち

憑依巫女は江戸時代末期まで活動したが、明治時代になると政府によって神託や卜占（占い）が禁止され、姿を消していった。

しかし、現在でも憑依巫女がいる地域は残っている。青森県恐山で死者を口寄せする**「イタコ」**や、神との対話で人々に助言をする津軽地方の**「カミサマ」**も、憑依巫女の一種である。

また、沖縄や南西諸島にも**「ユタ」**という憑依巫女がいて、かつては「困ったことはユタに聞け」と言われるほどに信頼を集めていた。

このような憑依巫女は、多くが世襲制だったが、近年では後継者不足から存続が危うくなっている地域も多いという。巫女が各地を歩き回る、と言われても、現代人には想像しにくいが、そうした人々の影響は日本文化の随所に残っている。そのことは、忘れずに覚えておきたい。

44・神職にも階級がある？

3種類ある神職の階級制度

神社のほとんどは宗教法人である。そのため、身もふたもない話だが、内部は一般企業と同じように縦割り式で組織化されている。神職であっても、法律上は神社の職員であり、その職務によって、階級が分けられているのだ。

神職の階級制度には**「職階（職称）」「階位」「身分」**の三種類がある。

職階とは、**神社内での役職**のことである。一般企業でいう、部長や課長、係長のような分類だ。神職間の上下関係は、この職階が基本となっている。全部で5階級に分けられ、トップは神社の代表者である「宮司《ぐうじ》」で、神道祭祀を取り仕切る責任がある。その下に宮司を補佐する「権宮司《ごんのぐうじ》」がつき、同じく宮司の補佐役である「禰宜《ねぎ》」が三番目に入る。新人の禰宜は「権禰宜」という四番目の階級にしばらく分類され、最も下の位には神社の各種雑用を行う「出仕」がいる。なお、出仕は一般アルバイトや神道関連の学生が務めることが多いので神職資格を取得していないことも多い。同じように、神職資格を必要としない巫女の扱いも出仕と同じである。

■職階＝神社内の役職

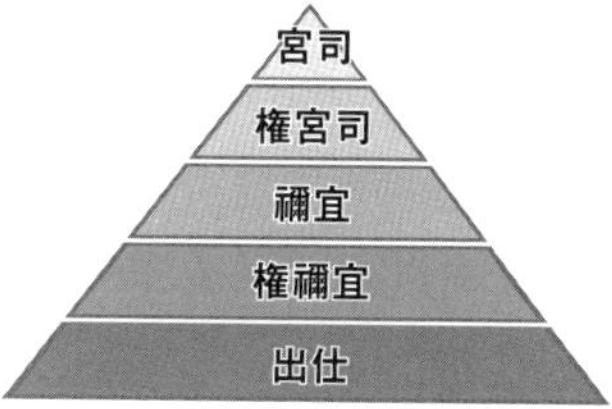

※神社のトップは宮司、聖職者は神職と呼び、神主とは言わない
※小さな神社の場合、権宮司や権禰宜を置いていない場合も

ちなみに、**「神社の代表」という意味でよく用いられる「神主」は、正式名称ではない**。神社のトップを指すなら宮司と呼ぶのが正しい。

資格の側面もある「階位」

職階が神社内の役職であれば、**階位は神職としての階級**である。神社本庁から与えられ、「浄階《じょうかい》」「明階《めいかい》」「正階《せいかい》」「権正階《ごんせいかい》」「直階《ちょっかい》」の5段階に分けられる。講習会を受講して試験に合格するか、神職養成機関に就学すれば取得できるものだ。

職階との違いがよくわからない、という方もいるかもしれないが、階位は神職の証のようなもの。これがなければ神職とは認められない。つまり、階位がなければ必然的に職階も得られないのである。こうしたことから、**階位は階級というより資格としての側面も強い**のだ。

最も下の直階になれば禰宜になる資格を得られ、その上の権正階になれば宮司に就任できる。ここまでならば、講習会を受講するか神道系の大学か神職養成機関を卒業すればいい。3番目の正階も、認定試験に合格すれば与えられるものだ。

しかし正階までがなれるのは、一般神社の宮司まで。神社本庁が別格神社に指定する由緒ある神社の宮司となるには、さらに一段階上の明階になることが求められる。明階も認定試験に合格すればなれるのだが、受験には神社本庁の推薦状が必要なので、一般人は受講することすら困難である。

一番の近道は皇學館大学か國學院大學で明階総合課程を履修し、単位を取得するとともに神社本庁の成績審査に合格することだ。そうして明階となれば、晴れて全ての神社で宮司となれるのである。なお、最上位の浄階は、神道研究に貢献した者に与えられる名誉称号でもあるので、**現場のトップは事実上、明階**となる。

身分によって異なる袴の色

最後にあげた身分も、「神職身分に関する規程」に基づき定められた神社本庁内での階級で、職階や階位とも深く関係している。特級から4級まで6段階ある身分のうち、特級が神社本庁の統理や伊勢神宮の大宮司、1級は伊勢神宮の少宮司か浄階保持者、2級と2級上は伊勢神宮の禰宜か正階以上を持つ別表神社の宮司などの神職で、3級は権正階保持者、4級が権禰宜である。このような階級の関係から、上位の身分は必然的に階位の上位者となっている。

身分の違いは、**袴の色**を観察すればわかる。特級は白地に白紋が付いた袴を身につけているのに対し、1級は紫地に白紋、2級上は白紋が若干薄く、2級は白紋そのものがない。3級と4級は同じ袴で、共に浅葱《あさぎ》色一色である。

なお、身分のない神社関係者の袴も、慣習で色が決まっている。出仕は白、事務職員は松葉色、そして巫女が赤の緋袴だ。

ただし、身分の上下と袴の色指定は神社本庁内の取り決めによるので、本庁包括外の単立神社については、神職の衣装にルールを敷いていない。ほとんどの単立神社は神社本庁の規定を採用しているが、基本的には自由である。衣装一つとっても、ここまで多くのルールが守られているのである。

45・神職に服装の違いがあるのはなぜ？

着用場面によって分けられる衣装

神職の服装といえば、白衣に袴姿が定番である。しかし、実はその衣装は普段着のようなもので、正式な装束は別にある。神職の服装の違いにまで気を留めることはあまりないが、そうした細部に目を向ければ、これまで気づかなかった**神事の違いがわかってくるはずだ。**

男性神職の服装は、**正装が「衣冠《いかん》」、礼装が「斎服《さいふく》」、常装が「狩衣《かりぎぬ》・浄衣《じょうえ》」**となっており、着用する場面によって、細かく服装が分かれている。

衣冠は例大祭や新嘗祭、神社の祭神にまつわる大祭、もしくは天皇陛下が御参拝された際に着用する服装だ。細かいルールは明治時代や戦後につくられていったが、原型は、奈良時代に大陸の礼服を模した「束帯《そくたい》」である。

よく「衣冠束帯」とまとめて称されることはあるが、衣冠は束帯の着用を簡略化したもので、**平安時代の公家の勤務服**である。それでも、初期の衣冠は裾が引きずられるほどに長く、動きにくい衣装だった。そこで、裾を足首で止める「指貫袴《さしぬきばかま》」が開発され、実用性が向上。公家だけでなく、武官の普段着にも使われるようになった。歴史ドラマや時代劇に登場する、公家の姿を思い浮かべるとイメージしやすいだろう。これが神職の正装として、いまも残されているわけだ。

正装である衣冠をまとった神職。新嘗祭に臨んでいる（Ⓒ katorisi）

現在の衣冠は、神社本庁の定める身分の上下で冠が異なる。2級から特級までは紋様入りの「繁文《しげもん》冠」を被り、それより下の身分は紋様なしの「遠文冠《とおもんのかんむり》」である。

皇室関係の祭祀に着る斎服と日常祭祀用の狩衣

礼服である斎服も見た目は衣冠と大差ない。だが、色を白で統一し、裾を縛らない「指袴」であることが特徴だ。衣冠と違って、冠は身分に関係なく遠文冠だけを着用する。この斎服を着るのは、祈年祭や紀元祭を含む皇室関係の中祭を行うときのみである。

最後にあげた狩衣は、「常装」と呼ばれているものの、神職の普段着ではない。平安時代に貴族が狩猟や野外の遊戯で着た遊び着で、狩りの衣装だったことが狩衣と名付けられた所以である。脇を縫わない動きやすさを重視した構造から、日常でも着用されるようになって、平安時代の終わりごろには公家の普段着として愛用された。

その後、戦国時代までは普段着として用いられたが、武家の象徴的な衣装とみなされるようになり、江戸時代ごろからは儀礼用に着用されることが増えた。現在は**神職の日常祭祀用の装飾**となっている。

衣冠や斎服に似ているが、見分けるのは簡単だ。冠が烏帽子で、肩口から中の単が見えていれば、それは狩衣である。なお、浄衣は純白であること以外は狩衣と同じだ。

その他に、掃除や雑用で着る「作務衣」や、巫女が神事で羽織る「千早」などがある。どれもよく見る衣装のわりに名前まで知っている人は少ないので、人に話すと感心されるかもしれない。

戦後になって追加された女性神職の衣装

これらの衣装は、神道が推進された戦前戦中を通じて用いられてきたが、戦後になると新たな衣装が追加されている。それが**女性神職用の服装**だ。

戦前は男性でなければ神職にはつけなかったが、戦後は女性神職が採用されるようになった。そこで、皇室の女官の服装を参考にして女性神職専用の服装がつくられたのである。正装は女官服の「袿袴《うちばかま》」、常装は平安時代に庶民が着た「水干《すいかん》」だ。

その後、利便性を向上させるために服装は改正された。見た目は男性神職の服装と大きく変わらないが、**冠がなく、代わりに髪を後頭部でまとめて金属製のかんざしをつけることになっている**。なお、この正装を白地にしたものが礼服である。

これらは神社本庁の規定なので、包括外の神社には適応されていないものの、戦前と比べれば男女平等に向けて大きく前進したといえる。

しかし、**女性が神職に就くことに対して、神社界で理解が十分に広まっているとは言えない状態**だ。常装が水干のままの神社もあり、改定前の服装が残っているケースは少なくない。たかが服装の違い、と思いきや、そこには表面化しにくい問題が関係しているのである。

46・祭祀で使われる神器の意味とは？

神の息吹である「風」を再現する紙垂

神道の祭事では、普段は見かけることがない、珍しい道具が用いられる。神楽で巫女が手に持つ鈴や扇などもそうだが、最も目にする機会が多いのは、お祓いで神職が参拝者に振るう、白い紙のついた木の棒だろう。この棒は**「幣《ぬさ》」**といい、御幣《ごへい》、大麻《おおぬさ》とも呼ばれる神事の道具である。掃除道具のはたきのようにも見えるが、ここにも**神道の価値観が反映されている**のである。

神道には、古代の結界に由来するという「紙垂《しで》」と呼ばれる紙細工がある。神聖な場所を囲む目印として、注連縄の一部に使われることが多い。幣につけられる白い紙は、この紙垂を小さくしたもので、四つ折りの半紙をさらに二つ折りにし、切り込みを入れて作るのが一般的な方法である。そうした紙を木の棒や笹の先端に付けることで、幣はできあがる。

なぜこのような形になったのか？　それは風を表現するためだとされている。神道において、風は神の息吹とみなされてきた。そのため、**紙垂によって風を再現することにより、幣は神の依代となって穢れを払う力を得ると信じられていた**のだ。

多くの神事で使われる幣（左の神職がもつ紙がついた棒）。この幣で穢れを祓って人や空間を清める（PatWallace05 /Shutterstock）

お祓いや祈願に来た参拝者は、幣を頭上で振るわれることにより、魂の穢れを清められる。また、神楽の場でも、神の威厳を表現するため巫女や神職が手に持つことがある。目に見えない神の力は、こうした神具によっても表されているのである。

神楽舞で巫女が使う9種類の採り物

幣と同じく紙垂をつけた道具に、**「玉串《たまぐし》」**というものがある。榊の小枝に紙垂をつけたそれは、神と参拝者を繋ぐ橋渡しとして、お祓いの最後に神職から手渡される道具である。

これを神前に捧げることで、**参拝者の心が神に届けられる**。また、神に捧げ物をする行為を簡略化する目的もある。かつては武器や高価な織物類を捧げることで神と参拝者を繋げていたが、費用や手間の問題から紙垂や神の衣である木綿を棒につけて捧げるようになった。神へ捧げる金銭を玉串料と呼ぶのも、この玉串からきたものだ。

これら以外にも、神職が神事や神楽で使う道具は数多い。神職が重要な神事で持つしゃもじのような板は「笏《しゃく》」といい、貴族由来の威厳を保つための装飾である。

また、厳密に言えば神職ではないが、巫女が神楽で用いる**「採り物」**という道具類がある。採り物には幣をはじめ、剣、弓、杖といった9種があって、鈴、盆、扇が含まれることもある。これらの道具は神楽の内容によって使い分けられる。よく目にするのは、巫女が神楽でよく手にする、棒に多数の鈴が付いた道具だろう。あの鈴は**「神楽鈴《かぐらすず》」**といい、多数の鈴玉と柄につけた5色の布が特徴だ。

このような採り物には、神の依代となって神楽を彩ることにより、**神をより湧き上がらせる効果がある**。神事の前から持っていても問題ないが、神社によっては効力をさらに発揮させるために、神職から巫女へ採り物を渡す「宝渡しの儀」を行うこともある。神様に感謝し、気分よく神事を楽しんでもらうためには、祭具の使い方にも気を配らなければいけないのである。

神へ感謝を捧げるために必須の三方

この他にも、幣を細かく切ったお祓い道具の「切麻《きりぬさ》」や、地鎮祭で使用される和紙を人型に切った「形代《かたしろ》」といった道具が神社では使われている。しかし、日常的な神事で用いられる道具といえば、**「三方《さんぼう》」**は欠かせない。

なぜ三方が大事なのか？　それはこの道具が**神へ食事を運ぶために使われる**からである。神社では、朝夕に神へ食事を捧げる神饌《しんせん》が毎日行われている。このときに食べ物を載せる木製の台が、三方だ。名前は三つの象眼と呼ばれる穴が空いていることに由来する。たかがお盆と思うかもしれないが、食事を神に捧げることも立派な神事の一つ。これを怠れば、神へ感謝の気持ちは伝わらないのだ。

なお、三方で捧げられた食べ物は時間が経つと下げられて、大半の場合は神職や神社関係者が食している。時には食事会で参拝者に振舞われることもあるようだ。

このように、神職や巫女の持つ道具には、すべていわれがある。それらを知ってから参拝し、お祓いを受けたり神楽舞を見たりすれば、いっそう有り難さが深まるはずだ。

47・神職になるための育成機関とは？

神職希望者向けの学部学科を設けた私立大学

102〜105ページで紹介したように、神社を建てるのは誰でも可能である。だが、神社本庁に包括される神社で神職となるには、本庁指定の資格（階級）が必要となる。そうした資格の試験を突破するために設けられているのが、神職育成機関である。なかでも有名なのが、三重県伊勢市の**「皇學館《こうがっかん》大学」**と東京都渋谷区の**「國學院《こくがくいん》大学」**だ。

皇學館大学は、1882年に開設された神宮系学問所の皇學館からはじまり、1940年に官立の大学となった。戦後はGHQの神道指令で廃校となったが、卒業生の復興活動で1967年に私立大学として復活している。

一方の國學院大学は、1890年に皇典《こうてん》講究所《こうきゅうじょ》内で開設された國學院が基であり、

１９２０年に国が認定した最初期の私立大学だった。

現在は両校ともに一般入学者もいる４年制私立大学だが、皇學館大学は神道学科、國學院大學は神道文化部という神職希望者向けの学部・学科を置いているのが特徴だ。

学生はここで神職に必要な技術と知識を学ぶことになり、書道や日本史、神道文献の研究はもちろんのこと、意外なことに**外国の宗教学も必須課程**となる。他宗教を学んで、宗教界での神道の立ち位置を知ることが目的だ。

1923年に渋谷へ移転したときの國學院大学

もちろん、祭祀の実習もカリキュラムの一つである。実習用の祭壇で知識や技術を身につけるだけでなく、卒業間近には神社での実地研修や神道関連の卒業論文をすることになる。これらを終えて所定単位を修得すれば、卒業時に正階の階位を取得できるのである。

また、卒業後も研究を続けたい学生のために、両大学では大学院と専攻科を設けており、そこで学べば明階の階位を得られる。明階を取るには優秀な成績を収める必要があるが、高卒・大卒者が対象の専攻過程を設けていることと、一般人でも入学可能なことから、神職希望者には人気が高い。

神社本庁と関係する神職養成所

もし、両大学に入れなかったとしても、神社本庁と関係する神職養成所はいくつか存在する。代表は、高卒者を対象とした専門学校である**神職養成所**だ。

養成所は神社によって運営されることが多く、その数は全国に六カ所。それが「志波《しわ》彦神社塩竈神社神職養成所」「出羽三山神社神職養成所」「神宮研修所」「熱田神宮学院」「京都國学院」「大社國学館」で、いずれも全寮制となっていて、2年間をかけて神職に必要な知識と技能を集中的に学ぶ。

これら以外にも「大阪國学院」という養成機関があって、通常の授業以外に通信教育課程で実際に通うことなく指導を受けられるのが大きな特徴だ。

こうした育成機関で専門課程を終えれば、神社本庁から階位を与えられるが、**どの階位を得られるかは、養成所や課程の内容によって違ってくる**。伊勢神宮が運営する神宮研修所では、全過程修了後に正階を得られるが、出雲大社運営の大社國学館で学歴不問の別科を卒業するだけなら、直階どまりとなる。高い位を得たければ、事前に注意が必要だ。

一般人にはハードルが高い養成所への入学

大学以外にも事実上の専門学校があるのならば、神職への道は案外楽じゃないかと思うかもしれない。しかしこうした育成機関に入学するのは、**神道系の大学より狭き門**といえる。なぜなら、神職養成所への入学には、各都道府県神社庁からの推薦状が必要となるからだ。

推薦状を得るには、各神社の宮司を通じて、神社庁に推薦してもらわなければならない。最寄りの神社で頼めば簡単に推薦を得られるというものではなく、**神社の血縁者だというような理由がなければ難しい**。大阪國学院は「通信教育だから簡単」と思う方もいるかもしれないが、実は通常の養成所以上に入学が困難で、「サラリーマン勤めをしていたが、急遽実家の神社を継がなくてはならなくなった」というような緊急の志望動機がない限り、推薦状があってもまず落とされる。

このように一般人が神職となる道は、養成所へ入る段階から高く険しいのである。

48・神前結婚式のマナーとは?

明治時代に一般化された神前結婚式

結婚式といえば教会、葬式といえばお寺。そんなイメージがあるかもしれないが、キリスト教や仏教と同じく、**神道にも独自の結婚式と葬儀がある**。最近では、神前で結婚の誓いを交わす神前結婚も珍しくないので、知っている方も多いだろう。しかし、その歴史は意外にも新しい。

神道における結婚とは、万物を創生する産魂《むすひ》の精神に従い、男女が新たな生命を生み出す神聖なる行為だった。長く神聖視されていたこともあって、新婦と新郎が神前で誓いを交わす方法が整えられたのは、室町時代に入ってからだ。

ただ、この時点では一部の富裕層や大名の間でしか行われなかったので、一般層には長く普及しなかった。一般庶民の間で神前結婚が行われるようになるのは、明治時代に入ってからである。つまり、**神前結婚式にはまだ１００年ほどの歴史しかない**のだ。**普及したきっかけは、１９００年５月、後の大正天皇である皇太子嘉仁《よしひと》親王の結婚式**である。皇太子と公爵家の九条節子《くじょうさだこ》が日比谷大神宮で行った結婚式は、多くの人の注目を集めた。報道が流れると、全国で神前式を望む声が巻き起こり、この翌年から各地の神社で一般人向けの神前結婚式が行われるようになったのである。

神前結婚式の様子

結婚式と同じく明治時代に広まった神葬祭

結婚式といえばチャペルで、というカップルは多いが、**神前結婚式を選ぶ新郎新婦は、全体の２割ほど**にものぼるという。現代の価値観を反映して、指輪交換を過程に取り入れる神社も少なくないようだ。

現代の神前結婚式は、神職の先導で新郎新婦とその親族が本殿へ向かう**「参進の儀」**から始まる。本殿につくと、神主が心身を清めるための祓詞《はらえことば》を述べ、続いて神々に二人の結婚を報告するための祝詞を奏上する。そうして新郎新婦が三つの杯で御神酒《おみき》をいただく「三々九度《さんさんくど》」が行われると、夫婦になることを神に告げる誓詞《せいし》を読み上げ、玉串《たまぐし》の拝礼に移る。

拝礼の順番は決められていて、最初は新郎新婦、次に仲人、最後は両家族の代表者が捧げることになる。最後に巫女が舞を奉納し終えると、親族全員が御神酒を飲み干し、その後に神職が式の終わりを神に告げて、新郎新婦と親族が退場すると終了となる。

神式葬儀の手順とは

一方、**神道の葬儀である「神葬祭《しんそうさい》（葬場祭）」**も、一般化したのは明治時代以降のことである。本来、神道の葬儀は、亡くなった親類を祖神として祀る儀式だった。江戸時代になると幕府の政策で仏教式に統一されたが、幕末になると国学の興隆で神葬祭が復活し、明治時代に受け継がれていくのである。

とはいえ、その基本的な順序は、仏教の葬儀と似ている。まずは「通夜祭」で神職が祭詞を読み上げ、仏教の位牌に当たる霊璽《れいじ》に御霊を移す。**神道において死は「穢れ」なので、神社で葬儀を行うことはなく、葬儀場を借りるか故人の自宅で行わなければならない。**その後、故人の棺に参列者が玉串を捧げ、「通夜振る舞いの宴」を開いて通夜祭は終了だ。

この翌日、本葬にあたる「葬場祭《そうじょうさい》」が行われると、それに続いて、火葬場へ移送された棺の前で神職が祭詞を奏上し、参列者が玉串を拝礼する「火葬祭」が行われる。そして、自宅へ戻って塩と水で手を清めてから、葬儀の終了を霊前で奉告《ほうこく》する。

それからは、仏教の初七日のように10日ごとの霊祭を開き、50日目を終えたら神葬祭は一旦終了だ。こうして故人の御霊は神となる準備を終えて、自宅の御霊舎《みたまや》に祖神として祀られるのである。

これ以降も1年祭、2年祭と霊祭を続け、最長で50年祭まで行うなど、年忌法要と酷似している。仏式葬儀から影響を受けたと考えていいだろう。ただ、仏式の葬儀にも塩の清めなど神道の祭祀が見られるため、**神仏が影響しあっていた**と考えた方が正しいかもしれない。

このような神葬祭を明治政府は一般化させようとしたものの、仏教式の葬儀が定着していたのであまり広まらず、現代でも行われることはほとんどない。仏教が人々の救済を目指した宗教であるのに対し、神道は、神々を尊び、そのつながりを維持しようとするものだ。その違いが、葬儀形式の普及にも影響を与えたのだろう。

参考文献・参考ウェブサイト

「日本神道史」岡田莊司編（吉川弘文館）
「神道 図解雑学」井上順孝著（ナツメ社）
「鳥居」稲田智宏著（光文社）
「日本全国 獅子・狛犬ものがたり」上杉千郷著（戎光祥出版）
「よくわかる祝詞」菅田正昭著（創土社）
「神主さんとお坊さんの秘密を楽しむ本」グループＳＫＩＴ編著（ＰＨＰ研究所）
「怨霊とは何か」山田雄司著（中央公論新社）
「図解 神社入門」渋谷申博著（洋泉社）
「なぜ八幡神社が日本でいちばん多いのか」島田裕巳著（幻冬舎）
「イチから知りたい日本の神様１ 熊野大神」加藤隆久監修（戎光祥出版）
「国家神道と民衆宗教」村上重良著（吉川弘文館）
「国家神道と日本人」島薗進（岩波書店）
「天皇家と神社の秘密」歴史謎学倶楽部編（メディアックス）
「ここまでわかった！卑弥呼の正体」歴史読本編集部編（中経出版）
「卑弥呼は大和に眠るか」大庭脩編（文英堂）
「神社が語る古代12氏族の正体」関裕二著（祥伝社）
「物部氏」宝賀寿男著（青垣出版）
「中臣氏」宝賀寿男著（青垣出版）

「イチから知りたい日本の神様2　稲荷大神」中村陽監修（戎光祥出版）
「狐の日本史　近世・近代編」中村禎里著（日本エディタースクール出版部）
「日本の神様と神社」恵美嘉樹著（講談社）
「八百万の神々」戸部民夫著（新紀元社）
「住吉大社」住吉大社編（学生社）
「一冊でわかる神道と日本神話「わが国の起こり」と「日本人の心の原点」を読み解く」
武光誠著（河出書房新社）
「面白いほどよくわかる古代日本史」鈴木旭著（日本文芸社）
「面白いほどよくわかる歴史と人物でわかる仏教」田中治郎著（日本文芸社）
「古事記・日本書紀を知る事典」武光誠著（東京堂出版）
「蘇我氏の古代」吉村武彦著（岩波書店）
「饒速日・物部氏の原像」加古樹一著（編集工房ノア）
「日本神さま事典」三橋健・白山芳太郎編著（大法輪閣）
「日本の神社を知る「事典」」菅田正昭著（日本文芸社）
「日本の神話と地名のはなし」由良弥生著（講談社）
「図解ふしぎで意外な神道」岡田明憲・古川順弘・吉田邦博著（学研パブリッシング）
「八百万の神々　日本の神霊たちのプロフィール」戸部民夫著（新紀元社）
「神仏習合」義江彰夫著（岩波書店）
「日本宗教史」末木文美士著（岩波書店）
「古代神道と天皇家の謎」関裕二著（ポプラ社）
「日本書紀成立の真実　書き換えの主導者は誰か」森博達著（中央公論新社）

「歴史書「古事記」全訳」武光誠著（東京堂出版）
「全国「一の宮」徹底ガイド」恵美嘉樹著（ＰＨＰ研究所）
「伊勢と出雲の神々」皇學館大学・島根県立古代出雲歴史博物館編（学生社）
「天皇の歴史01巻　神話から歴史へ」大津透著（講談社）
「天皇の歴史09巻　天皇と宗教」小倉慈司・山口輝臣著（講談社）
「講座日本の神話3　天地開闢と国生み神話の構造」『講座日本の神話』編集部編（有精堂出版）
「南方熊楠」唐澤太輔著（中央公論新社）
「図解　巫女」朱鷺田祐介著（新紀元社）
「巫女さん入門初級編」神田明神監修（朝日新聞出版）
「巫女さん作法入門」神田明神監修（朝日新聞出版）

文化庁ホームページ（https://www.bunka.go.jp/）
神社本庁ホームページ（http://www.jinjahoncho.or.jp/）
伊勢神宮ホームページ（http://www.isejingu.or.jp/）
出雲大社ホームページ（http://www.izumooyashiro.or.jp/）
伏見稲荷大社ホームページ（http://inari.jp/）
産経ニュース（http://www.sankei.com/）

彩図社好評既刊本

本当は怖い日本のしきたり

火田 博文 著

本書では、日本人の持つしきたりに隠された、忌まわしい、あるいは死の臭いに満ちたエピソードを集めました。そのバックボーンとなっているのは先祖の「死霊」や、土地の「神」を実在するものと捉え、崇める考えです。
我々のしきたりや風習には、陰の歴史が刻まれています。ふとした瞬間に、異世界が見えてくるかもしれません。

ISBN978-4-8013-0344-7　文庫判　本体 648 円 + 税

本文写真 1、33、49、57、103、141ページ
©オフィステイクオー

日本人として知っておきたい
神道と神社の秘密

2022年 2月 14日　第1刷

編　者　神道と神社の歴史研究会

製　作　オフィステイクオー

発行人　山田有司

発行所　株式会社彩図社
〒170-0005
東京都豊島区南大塚3-24-4MTビル
TEL 03-5985-8213　FAX 03-5985-8224

URL：https://www.saiz.co.jp/
Twitter：https://twitter.com/saiz_sha

印刷所　新灯印刷株式会社

ISBN978-4-8013-0579-3 C0139

本書は、2017年12月に小社より刊行された同名書籍を修正の上、文庫化したものです。